今こそ、韓国に
謝ろう
そして、「さらば」と言おう

第二章　伝統文化を破壊して、ごめん

第三章 「七奪」の勘違い

第四章 ウリジナルの不思議

編集／有本香
監修／松木國俊
写真／共同通信・時事通信・アフロ

文庫版まえがき

韓国は実に厄介な隣人です。

五十年以上前の「日韓基本条約」で補償問題はすべて解決済みであるにもかかわらず、韓国人は、今も私たちに「謝れ、謝れ！　金よこせ、金よこせ！」と叫び続けています。私たちはそのたびに謝罪し、莫大な金を渡してきました。その総額は天文学的な数字に上ります。

しかし彼らは決して満足することがありません。昨年（二〇一八年）は法的に完全に解決済みの戦時労働問題で、韓国の最高裁判所は「日本企業は賠償金を払え！」というトンデモ判決を出しました。日本が払わないと突っぱねると、今度は日本のEEZ（排他的経済水域）で、韓国の駆逐艦が日本の海上自衛隊の哨戒機《しょうかいき》にレーダーを照射するという言語道断な行動にでました。韓国内には、日本に落とされた原爆を喜ぶようなTシャツを着て踊っているアイドルグループもいます。

こんな人たちを見ていると、たとえ一時でも彼らと同胞であったという過去がおぞましくてたまりません。二千年にわたる我が国の歴史の中でも、これほど後悔に苛《さいな》まれる時代はないでしょう。束の間、同じ国であったばかりに、別れた後も、恨み続けられ、執拗《しつよう》に嫌がらせを受け、金を要求されるのです。

はたして日本はそれほど酷い恨みを買うようなことをしたのか、と見直してみると、実はしていたのです。だからこそ、七十年以上経っても、こんな目に遭うのです。すべては日本が悪かったのです。

しかし、読者の皆さん、絶対に誤解しないでいただきたいのですが、私たちの父祖は朝鮮人の土地も奪っていませんし、名前も奪っていませんし、言葉も奪っていません。女性を強制連行して慰安婦にしてもいませんし、男性を強制労働に従事させてもいません。それらはすべて韓国人の勘違いです。

それどころか、私たちの父祖は、併合時代の三十五年間に、おびただしいお金と労力をつぎ込んで、貧しかった朝鮮半島を豊かな国土に変えました。学校を建てて子供たちを教育し、工場やビルを建て、近代的産業を発展させ、鉄道や電気を全土に張り巡らせました。また荒れ地を耕して耕地面積を倍にし、朝鮮人の人口と平均寿命を約二倍にしました。そして朝鮮半島の生活水準および文化レベルを一気に引き上げてしまったのです。

それは良いことをしたのでは……と思われるでしょうが、実はそれこそが問題だったのです。それらはすべて私たちの父祖が、朝鮮人の意向も聞かずにやったことでした。私たちの父祖が良かれと思ってしたことは、彼らにとってはすべて「余計なお節介」だったのです。

こうした食い違いを象徴するような出来事が二〇一八年の暮れにもありました。ある韓国人男性が日本政府と病院を訴えたのです。この男性は不法滞在者で、二〇一六年に大阪の入国管理局の施設に収容されていましたが、歯痛に苦しめられていました。かわいそうに思った入管局の職員が市内の歯科病院に彼を連れていったところ、男性の七本の歯はひどい虫歯で根しか残っていない状態で、発熱もあり、放置していたら死ぬ可能性もありました。病院は男性の同意を得て、七本の歯を抜きました。ところが二年後、男性は「同意なしに歯を抜かれ、精神的な苦痛を受けた」として、一一〇〇万円の損害賠償を請求したのです。

そう、入管局と病院は「余計なお節介」をしたのです。男性は言葉の行き違いもあってちゃんと同意していなかったのかもしれません。根しか残っておらず、発熱で命の危険があっても、歯を抜いてはいけなかったのです。おそらく日本政府と病院は賠償金を支払う羽目《はめ》になるでしょう。それが韓国人に「余計にお節介」をした報いなのです。併合時代に日本が行なったことも同じです。ところが驚いたことに、日本政府はこうした余計なお節介については、過去一度も謝罪していないのです。こんなことが信じられるでしょうか！

存在しなかった「従軍慰安婦の強制連行」などについては、何度も謝っているのに、たしかな証拠が山のようにある「余計なお節介」については、ただの一度も謝罪していないのです。しかも呆れることに現代に生きる日本人の多くは、私たちの父祖が朝鮮半島で行なってきた「本当の蛮行」についてはほとんど知りません。

この本で、皆さんに是非それらを知っていただきたい。この本を読めば、あなたも唖然《あぜん》とし、心から韓国に謝ろうという気持ちになることでしょう。

そして、最後にこう言いたくなるでしょう。

「さらば、韓国よ」と。

百田尚樹

二〇一九年二月二十三日

第一章

朝鮮半島を踏みにじって、ごめん

一九一〇年（明治四十三年）、日本は大韓帝国を併合すると、朝鮮総督府（以下、総督府）を設置し、朝鮮全土を統治しました。三十五年の間に総督府は朝鮮半島でまさに余計なお節介のし放題でした。その結果、朝鮮という国は無残にも、元の姿をとどめないまでに踏みにじられ、形を変えられてしまったのです。

この章では、日本が日韓併合以降に、朝鮮全土と朝鮮人に対して、どれほど非道なお節介をしてきたかを具体的に述べていくことにします。おそらく読者は、あまりのことに言葉を失うことでしょう。

国民皆教育という悪夢

子供の自由を奪った

日本は朝鮮半島の子供たちの自由を奪いました。

その最も象徴的なものが、朝鮮のすべての子供を学校に通わせたことです。

日本が朝鮮（大韓帝国）を併合したのは一九一〇年（明治四十三年）ですが、その五年前の一九〇五年に第二次日韓協約（日韓保護条約）によって朝鮮を保護国とし、漢城（現・ソウル）に統監府を置いています。当時、朝鮮半島には小学校といえるものはわずかに四十校しかありませんでしたが、日本は統監府を通じて、大韓帝国政府に対し、「小学校を作れ！」と内政干渉とも言える命令を下しています。

現代の日本人である私が見ても、この命令の意図がわかりません。保護国だとは言え、海を隔てた外地である大韓帝国に小学校を作っても、日本には何の利益もないように思えるからです。子供を自由に遊ばせていたかった朝鮮人に対するただのいやがらせにしか見えません。

大韓帝国がこの命令に積極的に従わなかったのも当然です。五年後、日本が大韓帝国を併合した時でさえも、小学校はわずか六十校増えただけでした。当時、朝鮮の子供教育施設には、書堂《ソダン》と呼ばれる私塾がありましたが、ここに入れるのは、支配階級である両班《ヤンバン》の子弟のみで、教える科目も漢文がほとんどでした。一般庶民はほとんど学問を与えられませんでした。


一九一〇年、日本が大韓帝国を併合した時、まっさきに行なった一つが、朝鮮全土に小学校を建てたことです。

この理由を推測すると、日本は、質の高い朝鮮人労働者を大量につくろうと考えたのではないでしょうか。日韓併合当時、朝鮮人の文盲率《もんもうりつ》は九〇パーセントを超えていたと言われています。「文盲」というのは文字を読めない人のことです。戦前の「東亜日報」には、一九二〇年代まで、朝鮮人の文盲率は八〇～九九パーセントであったという推計記事が載っています。

日本政府は、字も読めない人間がいくら大勢いても単純労働にしか使えないではないかと考えたのかもしれません。実際、機械の仕様書や仕事の割り当て表が読めなくては、近代的な工場では使いものになりませんし、計算もできないようでは、金を扱う仕事もさせられません。そこで日本政府は朝鮮半島全土で一面一校（一つの村に一つの小学校）を目標にして、凄《すさ》まじい国家予算を投入して小学校を建設したのです。その結果、一九四三年までに四千二百七十一の小学校を開校し、なんと当初の目標の倍の一面二校を実現したのです。

朝鮮人にしてみれば、これは決して美談などではありません。日本政府が使える労働者欲しさにやったことで、多大な国家予算をつぎ込んだのも投資に過ぎず、いずれは日本中の工場や会社で回収できると考えたに違いありません。要するに自国の利益を考えてやっただけのことなのです。

一方、アフリカや東南アジアを植民地にしたヨーロッパ諸国は、日本のような考え方はしませんでした。彼らは読み書きや計算の達者な労働者を作るために、植民地の子供たちに無理やり教育を施すようなことはしませんでした。東南アジアやアフリカの国々を植民地支配したヨーロッパ諸国（イギリス、フランス、オランダなど）は、現地の人のための学校などはほとんど作りませんでした。

ヨーロッパ人は、自国の子供たちには強制的に教育を受けさせたにもかかわらず、植民地のすべての子供たちに、そんな無茶なことはしませんでした。あくまでも子供たちの「自由」を尊重してきたのです。

考えてもみてください。子供は本来、奔放に気ままに過ごしたいものです。勉強なんか誰だってしたくありません。それを他国が無理やりに就学させて勉強させるなんて残酷なことだ、と朝鮮人が考えたとしても不思議ではありません。

日本は明治以来、「富国強兵」をスローガンに、子供や青年の教育に力を入れてきました。日本の急発展はそのお陰とも言えます。しかし戦後は、「子供たちの自由」をもっと尊重するようにという意見が強く打ち出されてきました。かつて不登校は恥ずべきこととされていましたが、現代ではそれも子供たちの自由だという考え方が広まってきています。最近では、不登校の児童を無理やり学校に通わせるのはよくないことだとの意見もあります。

また、難しい勉強についてこられない子供のために、「ゆとり教育」が叫ばれ、どんどん易《やさ》しいカリキュラムになりました。長い間、円周率が「3・14……」だったのが、「約3」でいいじゃないかということにもなりました（私たちの子供の頃は小学校は週に六日ありましたが、これは厳しすぎる、というわけで、二十年以上前から公立小学校では週に五日通えばいいということになりました）。

つまり現代の日本でも、かつての教育は厳しすぎた、子供がかわいそうだという見方が広まっているのです。それを考えると、日韓併合時に、それまで学校なんかほとんど存在しなかった国の子供たちを無理やり学校に通わせたということが、いかにひどいことであったかがわかるでしょう。これは「人権蹂躙《じゅうりん》」と言えるのかもしれません。

「劣等文字」ハングルを普及させた

そんな日本政府が朝鮮の子供たちに一番に教えなければならないと考えたのは、文字でした。読み書きこそが、すべての教育の基本だからです。

ところが、いきなり弱ったことになりました。先ほど、当時の朝鮮人で文字が読める人は人口の一〇パーセント以下だったと書きましたが、文字が読めた人々はほとんど両班《ヤンバン》であり、しかも彼らが書いていた文字は漢文でした。漢文とはつまり中国語です。朝鮮は長い間、清《しん》の属国であり、中国文化を最上のものと崇《あが》めていたので、特権階級である両班は漢文を書き、公文書の類《たぐい》も漢文が使われていました。しかしふだん話している言葉は朝鮮語です。子供たちに文字を教えるには、ふだん話している言葉をそのまま文字にするのが一番ですが、朝鮮語を漢文では書き表わせません。

おそらく日本政府も頭を悩ましたと思いますが、便利な文字を発見しました。それがハングルです。朝鮮半島は十五世紀半ばまで、自国の言葉を表す文字を持ちませんでしたが、李氏朝鮮四代目王の世宗《セジョン》が作らせたのがハングルです。ところがこの文字は、両班からは、「劣等文字」「下賤《げせん》の者が使う文字」として馬鹿にされていました。ところが日本政府は、これを朝鮮半島の子供たちに広めようと考えたのです。一九一一年（明治四十四年）に出された第一次朝鮮教育令で、朝鮮語は必修科目とされ、ハングルが教えられるようになりました。

ところが、ここでまた一つ困ったことが持ち上がりました。当時、朝鮮半島には本を大量に作ることのできる印刷所も製本所もなかったのです。そこで日本は、最初のハングルの教科書を東京で印刷し製本しました。ちなみに、最初のハングルの活字を作ったのは福澤諭吉です。しかも私費でした。このことを見ても、朝鮮人の意向などおかまいなしに、日本主導でハングル教育が行なわれたことが歴然としています。

話を戻しますが、現代の朝鮮で使われているハングルがかつて劣等文字とされてきたことは歴史的事実です。朝鮮半島では昔から記録は全て漢文で行なわれていたために、古代の朝鮮人がどのような言葉を使っていたのかほとんどわかっていないのです。

十五世紀、世宗がこの文字を広めようとした時、集賢殿《チツピヨンジヨン》（国家及び王室のための研究機関であり諮問機関《しもん》）の副提学だった崔萬理《チエマルリ》は次のように書いて反対しました。

「昔から、中華の土地では、風土が異なっても方言を文字にした例はない」

つまり朝鮮は「中華帝国」の一員であり、朝鮮語は方言であるという認識です。

彼はこうも述べています。

「モンゴル、西夏《せいか》、女真《じよしん》、日本、チベットは独自の文字を持つが、これらの国はすべて夷狄《いてき》（野蛮人、未開人）であり、話にならない」

「漢字こそが文字であり、民族固有の文字など有り得ない」

いやはや、すごい主張です。この言葉を見ても、当時の朝鮮が自分たちは中国の一部で、独立国ではないという認識を持っていたことがわかります。

これに対し、世宗はこう答えています。

「これは文字ではないので、中華に対する反逆ではない。訓民正音《くんみんせいおん》である」

「訓民正音」とは、「(文字を知らない)民に教える正しい音」という意味です。簡単に言えば「発音記号」のようなものという意味です。そして実際に「訓民正音」の名で民衆に与えました。

しかし学校というものが存在しないに等しかった朝鮮では、当然のことながら一般民衆には普及しませんでした。後には一部の両班も使うようになりますが、日韓併合時においても、上流階級の間では、ハングルは一段下に見られていました。

日本は下層階級が使う文字とされていたハングルを、彼らの意向もおかまいなしに勝手に朝鮮全土に広めてしまったのです。今日、韓国においては、漢字は人名を除いてほとんど消滅し、本や新聞を見ても、書かれている文字はすべてハングルです。つまり、日本が一国の文字文化を完全に変えてしまったというわけです。これでは朝鮮人が怒るのも当然です。たとえ今、彼らがそれを重宝に使っていたとしてもです。

ただ、韓国が主張する「日本は言葉を奪った」というのは、明らかに彼らの勘違いです。日本は朝鮮人にハングルを押し付けました。もちろんこれは責められるべきことで、日本が大いに反省すべきことです。

豪華校舎で目をくらませた

日本によって無理やりに就学させられた子供たちは、年を追うごとに増え、一九三六年には約一一〇万人にもなりました。そのせいで、長年、九〇パーセント以上であった文盲率は四〇パーセントに下がりました。わずか三十年足らずで一つの国の文化を変えてしまったのです。

ところで、当時、日本の公立小学校のほとんどは（あるいはすべては）木造二階建ての校舎でした。私は一九五六年（昭和三十一年）生まれで、大阪の公立小学校に通いましたが、木造校舎でした。三つ下の妹は奈良の公立小学校に通いましたが、この校舎も木造でした。

ところが驚いたことに、朝鮮半島に建てられた小学校の校舎のなかにはコンクリート造りやレンガ造りの立派なものが少なくありませんでした。戦前の朝鮮の小学校の写真がいくつも残っていますが、その豪華さに唖然《あぜん》とします。もちろんこれらは日本のお金で建てられたものです。私は、これはどういうことであろうかと考えました。もしかしたら日本政府は、朝鮮の子供たちや親たちを、豪華な建物で釣ろうと思ったのかもしれません。だとしたら、実にいやらしいやり方です。

日本が作ったのは小学校だけではありません。二十四の専門学校、七十五の中学校、七十五の高等女学校、百三十三の実業高校、百四十五の実業補習学校、一つの大学予科を作りました。三十六年間で建てたすべての公立学校の総数は五千校近くになります。一年平均で約百四十校です。

日本はさらに二十二の師範学校まで作りました。つまり教師も養成して、この教育制度を永続させようとしたのです（当時作られた師範学校の多くが後に韓国の国立大学になっています）。

また小学校を含めて各種の学校に、大勢の日本人教師を送り込みました。併合時代に教育を受けた朝鮮人の多くが、「日本人教師は公正で差別をしなかった」と賛美しますが、そんなものは免罪符にはなりません。日本人教師がいかに情熱的に、また公正に指導しようが、総督府が行なった非道の罪は消えません。

驚くことに、日本は朝鮮に帝国大学まで作っています。

それまで日本には五つの帝国大学がありましたが、京城帝国大学は六番目に作られ

京城壽松洞普通学校（小学校）　　（『日本地理風俗史大系 16 朝鮮（上）』）

京城鍾路尋常高等小学校　　（『日本地理風俗史大系 16 朝鮮（上）』）

京城帝国大学　（『日本地理風俗史大系 16 朝鮮（上）』）

ました。ちなみに七番目に作られたのは台湾の台北帝国大学です。大阪帝国大学と名古屋帝国大学はこの後に作られました（京城帝国大学は一九二四年、台北帝国大学は一九二八年、大阪帝国大学は一九三一年、名古屋帝国大学は一九三九年です）。

つまり日本は小学校の義務教育だけでは飽き足らず、朝鮮人に大学教育まで受けさせようとしたのです。しかも京城帝国大学の図書館予算は東京帝国大学の十倍もありました。朝鮮人にしてみれば、「人を馬鹿だと思っているのか！」と怒りたくもなるでしょう。

今日、韓国で最も競争率の高い難関とされるソウル大学は、戦後にできた大学ですが、京城帝国大学の理事会や施設を受け継ぎました。しかし同大学は京城帝国大学が起源ではないと主張しています。

実は日本が教育を強制したのは子供たちだけではありません。総督府は村々に建てた公会堂で夜間に字の読めない大人にまでハングルや日本語を教えたのです。昼間は一所懸命に働いて疲れているのにもかかわらず、夜は公民館に集められて言葉の勉強をさせられる——これで腹が立たない人はいないでしょう。

韓国人の勘違い

ここまで述べてきたように、日本と総督府はほとんど教育制度がなかった朝鮮半島に、莫大《ばくだい》な資金と人的投資を行ない、教育システムを完成させました。

ところが、韓国はなぜか大変な勘違いをしています。

加耶《カヤ》大学客員教授の崔基鎬《チエケイホ》氏は『歴史再検証　日韓併合』（祥伝社黄金文庫）の中に、韓国の高等学校国史教師用の指導書の文章を紹介しています。

そこにはこう書かれています。

「一九〇五年、乙巳《ウルサ》条約（日韓保護条約）を締結することによって、日本は統監府を通じ、学制を改定した。高等学校を増設し、中学校を高等普通学校に改称しながら、わが国の最高教育機関とした。これは大学をなくそうという、愚民化の教育政策であった」

この文章の意味はまったくわかりません。一九〇五年当時、朝鮮半島には小学校でさえも四十校しかなかったのです。中学校も高等学校もごく少数でした。大学などありません。

というのも、一九二二年に発令された「第二次朝鮮教育令」によって初めて、朝鮮でも法的に大学設立が可能となったのですから（京城帝国大学が創設されたのはその二年後、当時の教授陣は東京帝国大学の教授たちが中心でした）。

どうも韓国人は自国の教育の歴史に関して、何かとんでもない勘違いをしているようです。現在の日本政府は、韓国のように他国の教科書や教育に口を出すというような非常識なことはしませんから、韓国の高等学校の国史教師はずっと誤った歴史を子供たちに教えていくことになります。

これもまた日本の悪いところなのかもしれません。併合している時は、一所懸命にいろんなものを教えたにもかかわらず、韓国が独立した途端に、教師たちが子供たちに全然間違ったことを教えていても、それに一切知らん顔をして訂正もしないのですから。
いずれ、韓国が過ちに気付いた時、「どうしてもっと早く日本は教えてくれなかったのだ」と非難されるような気がしてなりません。

ところで、ここで一つ読者の皆さんに、言っておきたいことがあります。私はこの本で、併合時代は三十五年と書いていますが、韓国政府は「日帝三十六年の歴史」と主張しています。しかし日韓併合は一九一〇年八月二十九日から一九四五年九月九日までですから、正味は三十五年と十一日です。もしかしたら韓国政府は恨みを増やすために「かぞえ年」を採用しているのかもしれませんが、わずか十一日を一年にするのはどうかと思うので、私はこの本では三十五年と書きます。ただ不思議なことに、朝日新聞などは「三十六年」説を採用しています。そういう計算方法なら三年八ヶ月戦った大東亜戦争も五年戦ったことになります。

自然の破壊

山々の破壊

日本が朝鮮に行なってきた数々の非道の中でも、最も許されないことが朝鮮半島の自然を破壊したことではないでしょうか。

日韓併合当時、朝鮮の山々は北部のごく一部の地域を除いてほとんど木が生えていませんでした。朝鮮人には植林という考えがなく、建築や燃料のために木を伐《き》った後はそのまま放置していたので、山々は禿山《はげやま》となりました。そのため山には保水力がなく、大雨になれば洪水を引き起こし、多くの土壌が流出しました。

十九世紀末、併合前の朝鮮を旅したロシア人探検家のパーヴェル・ミハイロヴィチ・チェロトケヴィチの著書には「樹木は谷にも山にも全く見えず、全面に地表が露出する」「山には墓地や石碑があるが、灌木も草も見当たらない。見つけ次第伐採され、刈られてしまうからである」(『朝鮮旅行記』井上紘一訳・平凡社)といった記述がいくつ

火田民開墾の惨状　　（『日本地理風俗史大系 16 朝鮮（上）』）

禿山の植栽　　（『日本地理風俗史大系 16 朝鮮（上）』）

もあります。

日本人は朝鮮の禿山を見て、美しくないと思ったのか、はたまた日本的でないと思ったのか（あるいは洪水を防ぐためか）、またもや朝鮮人の意向も聞かずに、「緑化運動」と称して勝手に植林事業を始めました。その多くが日本産の木です。

その結果、赤茶けた地肌剝《む》き出しの朝鮮半島の独特の景色が、緑豊かな日本風に変えられてしまいました。日本は他国の風景を作り変えてしまったのです。ひどい話です。

ただ緑化運動は簡単ではなかったようです。せっかく植えた木が大きく育つ前に（植林の効果が出てくるのは二十年後）、朝鮮人が盗伐《とうばつ》するからです。もしかしたら朝鮮人は自分たちの伝統である禿山を守ろうとしたのかもしれません。そのため総督府は山監《さんかん》という監督を村に置いて、村人が植林した山に入ることを禁じました。

朝鮮半島の山々が禿山だったもう一つの理由に「火田民《かでんみん》」の存在がありました。火田民とは焼畑農業をする民です。

読者もご存じでしょうが、山を焼くと、木々の灰が肥料になり、農作物がよくできます。しかし三年も経《た》つと土地が瘦《や》せて、農作物もできなくなります。すると火田民

記念植樹年次別表

年次	本数（千本）	年次	本数（千本）	年次	本数（千本）
明治44年	4,656	大正11年	13,857	昭和8年	36,170
大正元年	10,168	同 12年	18,206	同 9年	37,365
同 2年	12,435	同 13年	19,962	同 10年	36,369
同 3年	13,573	同 14年	16,905	同 11年	25,024
同 4年	15,388	昭和元年	13,072	同 12年	29,059
同 5年	20,479	同 2年	13,168	同 13年	26,667
同 6年	21,829	同 3年	15,040	同 14年	26.663
同 7年	20,404	同 4年	18.838	同 15年	31,187
同 8年	21,058	同 5年	15,965		
同 9年	17,682	同 6年	14,797		
同 10年	16,792	同 7年	13,351	合計	596,129

明治44年（1911年）から昭和15年（1940年）までの記念植樹の本数。記念植樹だけでも5億9600万本以上植林している
（『朝鮮半島の山林』20世紀前半の状況と文献目録　財団法人土井林学振興会）

は、その土地を捨て、別の山へと移動します。捨てられた山にはもはや木も生えず、禿山として残るというわけです。

総督府は火田民に農業用地を与え、定住させて、伝統的な焼畑農業を禁止しました。

そうした苦労をかけて、総督府は朝鮮の山々に、なんと記念植樹だけで総数五億九千万本の木を植え、禿山を緑が茂る山に変えてしまいました。こんな横暴が許されていいはずがありません。

ところが最近、いいニュースを見ました。韓国の太白《テベク》山に生えていた五十万本のカラマツが伐採されるというのです。理由は、カラマツが併合時代に日本が植えた日本特産の木

であるからということです。民族の霊山である太白山に日本産のカラマツは似合わないという、その気持ちは大いに理解できます。二〇一七年から二一年に四十億ウォン（約四億円）をかけて伐採する予定とのことですが、私はその費用は日本政府が出すべきではないかと思います。

私はさらに日本政府に提案したい。今すぐにでも、太白山だけでなく、併合時代に朝鮮全土に植林した六億本の木をすべて伐り倒しに行くべきであると。不動産取引では、土地を借りて、そこに木を植えたりした場合、土地を返すときは原状復帰が基本です。今からでも遅くはありません。農林水産省なりが率先して原状復帰作業を行なうべきではないでしょうか。

鉄道による自然破壊

国土の蹂躙は山々だけではありません。

日本は朝鮮半島の至る所に鉄道網を敷きまくりました。二十世紀初頭には影も形もなかった鉄道を六〇〇〇キロも敷いてしまったのです。

想像してください。手つかずの自然に囲まれた風景をぶち壊すように、無粋《ぶすい》な鉄のかたまりである機関車がもうもうと煙を吐きながら、けたたましい音をたてて走る様を。それを見た多くの朝鮮人が、美しい朝鮮半島は醜い線路によって鞭《むち》で打たれた傷のようにずたずたにされたと感じ、怒りに震えたとしても仕方がないのではないでしょうか。

さらに驚くのは、当時の日本の国鉄が朝鮮半島に走らせた鉄道が標準軌（広軌《こうき》）であったことです。鉄道には、線路幅の狭い狭軌《きょうき》と、広い広軌の二種類があります。日本内地の国鉄の鉄道は狭軌でした。一説には、明治政府が鉄道技術をイギリスから導入した際に、狭軌の技術を与えられたからと言われています。イギリスは、本国の鉄道には広軌を用いていましたが、植民地の鉄道には狭軌を用いていました。つまりイギリスは日本には植民地用の技術を与えたのです。もっとも、狭い日本国内を走らせるには急カーブも多くなるため、日本政府が敢《あ》えて狭軌を採用したという説もあります。ただそれなら、同じように国土の狭い朝鮮半島で狭軌を用いなかったのは不自然です。

朝鮮人からしてみれば、日本国内では走らせていなかった広軌鉄道を敷きつめたということは、「日本は朝鮮半島で鉄道実験をしたのだ！」と受け取られてもしかたがないでしょう。日本は、よりよい技術を導入したのだからと、開き直ることはできません。ちなみに国鉄が広軌を採用したのは、一九六四年の東海道新幹線が初めてでした。どうでもいいことですが、一九二五年に完成した京城駅の駅舎は、その規模は別にして当時の東京駅よりもはるかに豪華なものでした。

河川の破壊

総督府は朝鮮半島の河川も破壊しました。

当時の朝鮮半島の川はほとんど護岸工事がなされていませんでした。そのため、大雨が降って増水すると、たちまち堤防が決壊し、あたりに洪水の被害をもたらしました。河道も定まらないものが多く、周辺に被害を与えました。しかしながら、それらの川は、川本来の姿を保っていたわけで、そこには原始の美がありました。

ところが、日本は朝鮮の多くの川に護岸工事を施して、川の姿を変えてしまいました。そのお陰で、李氏朝鮮時代に多発した治水対策不備による洪水被害は激減しましたが、長年保たれていた川本来の美しさは永久に消えてしまいました。

世界最大級の水豊ダム　（『日本植民地史１　朝鮮』）

北朝鮮の国章。水豊ダムが描かれている

日本はまた多くのダムを作って、河川を破壊しました。

併合前の朝鮮半島の農業は古き良き時代ののどかなものでした。灌漑《かんがい》はほとんどされず、水は雨水頼りでした。日本はそれでは効率が悪いと考え、水利組合を組織して、防水、灌漑、さらに水力発電を兼ね備えた貯水池を作るため、当時、日本国内にもなかった巨大なダムを朝鮮北部のいたるところに建設したのです。

鴨緑江《おうりよくこう》に作った水豊《スプン》ダムは、当時世界最大級のもので、貯水湖の広さは、霞ケ浦の二倍もあり、最大出力七〇万キロワットは、世界第二位で日本一の黒部ダムの二倍もありました。日本は自国にも作らないほどの怪物的なダムを作って、朝鮮半島の川を殺してしまったのです。

余談ですが、水豊ダムは一九五〇年代の朝鮮戦争のときにアメリカ軍によって再三爆撃されましたが、びくともしませんでした。日本はアメリカ軍の攻撃でも壊せないほど頑丈なものを作ってしまったのです。皮肉にも、その水豊ダムは現在の北朝鮮の有力な電力源となっていて、同国の国章にも堂々と描かれています。そう、併合時代の醜い傷跡は今も残っているといえるのです。

川の景観を壊したという意味では、橋梁《きようりよう》もその一つです。

日本が併合する前の朝鮮半島では、大きな河川にはほとんど橋がありませんでした。

漢江にかけられた鉄橋　（『日本地理風俗史大系 16 朝鮮（上）』）

聖水大橋崩落　（共同通信社）

橋を架ける技術が低く、また伝統的に橋脚が四角柱の形をしていたため（普通は円柱型）、水の抵抗をまともに受け、洪水が起こるとすぐに橋が流されていました。時には、人間が川に入って橋を支えることもあったといいます。

日本は、橋がなければ物資や人の流通が滞《とどこお》って不便だと考え、大きな川にいくつもの橋を架けました。もちろん、これも朝鮮人の意向を聞かずに行なったことは言うまでもありません。

日本は朝鮮併合をする十年前の一九〇〇年に、漢江《ハンガン》に一一〇〇メートルにもなる鉄橋を架けました。百年以上前に作られたこの橋は今も使われているほど堅固《けんご》なものです。

その七十九年後の一九七九年、韓国は同じ漢江に同規模の聖水《ソンス》大橋を架けました。韓国人は「日本が作った漢江鉄橋をはるかに上回るすごい橋だ」と喜びましたが、完成からわずか十五年経った一九九四年、橋の中央部分が崩壊し、三十二人が死亡するという事故が起きました。外部からの大きな衝撃を受けたわけでもなく、自壊したのですから驚きです。元産経新聞記者でソウル支局長だった黒田勝弘氏は『韓国人の歴史観』（文春新書）で、この事故にまつわる興味深い話を書いています。

鴨緑江の開閉鉄橋　（『日本地理風俗史大系 16 朝鮮（上）』）

事故現場を見ていたヤジ馬の中にいた老人がこう言いました。

「わが国はこれだからダメなんだ。日本時代にできた橋は今でもしっかりしているのに、十年しか経たない橋が落ちるとは……」

それを聞いた青年がこう言い返しました。

「おじいさん、何をいうんですか。日帝のせいでわれわれはこうなったんですよ、日帝に支配されていなければわが国はちゃんとした橋をつくっていますよ」

私たち日本人は、この青年の言葉を重く受け止めるべきです。

オランダはインドネシアを二百年も支配しながら、インドネシア人にネジ一つ作る技術も教えませんでしたが、日本人もこのオランダ人を非難はできません。学校を五千校作るくらいでは全然足りなかったのです。その倍以上の学校を建てて、教育しなければならなかったのです。勝手に橋を架けていい気分になっていたかもしれませんが、そのために朝鮮人は自力で橋を架ける技術を学ぶ意欲を失ってしまったのかもしれないのです。

つまりここにも日本政府のひとりよがりな政策によって、韓国の発展を妨《さまた》げた事象を見ることができます。

ちなみに一九一一年に日本が鴨緑江に架けた長さ約一キロの鴨緑江橋梁は、東洋で初めての旋回式鉄橋でした。これは、橋げたの高さを上回る帆船などが通る時に、橋の鉄橋が部分的に旋回し、航路を開けるという非常に高い技術を用いた鉄橋です。驚いたことに、この旋回鉄橋は当時、日本国内にはありませんでした。これも朝鮮半島で日本が実験的に作ったと言われても文句は言えないのです。

台湾で烏山頭《うさんとう》ダムを作った八田與一《はったよいち》は、今も台湾国民から深く敬愛されています。

しかし朝鮮半島で、鴨緑江の水を勾配の急な日本海側に落とせば巨大な電力を得られることに気付いた電気技師の久保田豊や、彼の提案を受けて三億円近い金（現在の価値に直すと約五兆円）をなげうって水豊ダムを作った実業家の野口遵《したがう》の名前は、今の韓国・北朝鮮の人々にまったく知られていません。これもひとえに朝鮮人が望んでもいないものを作ったからに他ならないと言えるでしょう。

海岸の破壊

総督府が破壊したのは河川だけではありません。

長らく中国以外の国とは国交も貿易も行わなかった朝鮮には、大きな港がありませんでした。そのために海岸線はほとんどが手つかずで、自然のままの浜や漁村が数多く残されていました。

しかし総督府は朝鮮の発展のためという名目で、勝手に海岸を整備して、多くの港湾を作りました。浜は醜いコンクリートで固められ、沖には無粋な防波堤がめぐらされました。千年も保ち続けてきた朝鮮の海岸は多くがその姿を永久に失ったのです。

また総督府はそれまで電気が通っていなかった朝鮮の村々に電気を行き渡らせました。電気事業というのは大変なものです。発電所から電気を送る送電線をめぐらせ、各地に変電所も設けなければなりません。これらの費用はすべて日本人が出しましたが、問題は費用のことではなく、ここでも朝鮮人が望んでもいないことを勝手にやったことにあります。

やがて地方の民家にまで望みもしない電灯が灯《とも》るようになりました。それまでは両班など裕福な家はロウソクや石油ランプを使い、貧しい庶民は安いエゴマ油や松脂《まつやに》を焚いていました。しかし、「電気のおかげで便利になっただろう」と考えるのは、日本人の思いこみ以外の何ものでもありません。日本では電気事業は当然のインフラで、国民の多くが喜んだかもしれませんが、同じことを朝鮮人が喜ぶであろうと思ったとすれば、それは日本政府の傲慢《ごうまん》さ以外の何ものでもありません。

私はそれよりも、美しかったはずの朝鮮の農村風景を壊してしまうような不粋《ぶすい》な電信柱を無数に立ててしまったことに、心が痛みます。これもまた謝るべきことの一つであると思っています。

農業を歪めた

農業に手を付けた暴挙

日本が行なったことは自然の破壊にとどまりません。

その国の人々の暮らしの根幹となる農業さえも歪《ゆが》めてしまったのです。併合時の朝鮮半島には、人の手が入っていない荒地が数多くありました。満州へ行くために朝鮮半島を通った日本の第二師団の兵隊たちは、耕せば農地になる土地が荒れ果てたままになっているのを見て呆れたといいます。

総督府はその荒地に目を付けました。そして荒れた土地の開墾に注力し、新たな水田や畑にしました。そのため耕地面積は倍近くに増えました。

さらに日本は農業の方法にまで手を出しました。併合前の朝鮮半島では、前述したように灌漑はほとんど行なわれず、水は雨水頼りでした。まさに古き良き時代の、のどかな農業だったのです。しかしせせこましい性格の日本人は、それでは効率が悪く、利益が少ないではないかと考え、貯水池やため池をいくつも作り、水利組合を組織して、防水や灌漑を施しました。こうした大規模なお節介によって朝鮮半島の田園風景はすっかり変えられてしまったのです。

さらに土地改良まで施し、冷害に強い品種の米なども導入しました。また興南《フンナム》に世界一の窒素肥料工場を建て、そこで作った肥料などもふんだんに投入しました。畜産も奨励し、日本人が作った金融組合が、希望する農家に仔牛《こうし》を一頭無料で貸し与えました。牛が成長して仔牛が生まれたら、それを組合に提供すれば、親牛は無償で農民のものになるというシステムです。要するに日本は農業の効率を高めるために、朝鮮農民に慣れない畜産までやらせたというわけです。こんな風にして、日本と総督府は朝鮮半島の農業を日本風に作り変えてしまったのです。

そしてこれらを永続させるために、総督府は朝鮮人の若者たちに農業実習までさせています。そのための農業学校を数多く建て、日本から連れてきた多くの農学者に指導させてもいます。この徹底ぶりは恐ろしいほどです。

総督府の暴挙は田園風景を変えただけでは済みませんでした。

耕地面積が倍になり、さらに農業の効率が上がるということは、それだけ穀物や野菜の収穫量が増えるということになります。その結果、とんでもないことが起こりました。なんと、朝鮮半島に人口爆発をもたらしてしまったのです。

併合時、朝鮮人の人口は約一三〇〇万人余りでしたが、一九四二年には二五五〇万人以上にまで膨れ上がってしまいました。ちなみに江戸時代の日本は、二百六十年間かかっても、人口は三倍にも増えていません。わずか三十年足らずで約二倍の人口増加というのは世界の歴史でも珍しいことです。

日本がもたらしたのは人口爆発だけではありません。併合時は平均寿命が二十四歳だったのが、たったの三十年で四十二歳まで伸びてしまったのです。

繰り返しますが、人口の増加も平均寿命の伸びも、自然に起こったものではありません。これらはすべて日本のお節介によって、人為的に引き起こされたものです。その意味では、朝鮮半島に起きた人口問題は総督府による人災とも言えます。

あまりに急激な人口増加と平均寿命の伸びは、社会に様々なひずみをもたらしてしまう可能性があります。私は人口学者ではないので、そのあたりの影響まではわかりませんが、おそらく何らかの弊害もあったことだろうと思います。

さすがに人口を元に戻すことはできませんが、併合三十五年の間に総督府が作った灌漑施設や貯水池、それに新たに開墾した耕地などは、すべて潰して原状復帰して戻すのが筋ではないでしょうか。

産業形態を歪めてしまった

農業国を工業国に変えた

日本は朝鮮の農業だけでなく、国の産業形態そのものも大きく歪めてしまいました。

李氏朝鮮時代の朝鮮は、農林水産業の生産が全産業の約八〇パーセント、工業生産は約一八パーセントという一次産業国家でしたが、総督府はそれを大転換させてしまいました。併合以降、農林水産業の生産比率は約四三パーセントに減り、工業生産は約四一パーセントに増えました。

総督府は農業生産を倍にしましたが、工業生産をそれ以上に伸ばしたため、こういう比率になってしまったのです。言うなれば、日本は朝鮮半島に無理やりに産業革命を起こさせたようなものでした。併合の翌年の一九一一年から、一九三八年まで、朝鮮の経済は平均年率三・八パーセントという凄まじい成長率を示しました。これだけの長い期間にわたって続いた高成長は世界でもあまり例がありません。

しかし忘れてはならないのは、これは朝鮮人が望んだことではないという点です。何度も言いますが、日本政府が朝鮮人の意向も聞かずに勝手に行なった結果なのです。イギリスなどはインドを植民地にしたときに、工業の発展を抑えて、農業生産の比率を逆に高めているほどです。それ以外のヨーロッパの国々でも植民地を工業国にした例は一つもありません。

なぜ日本は朝鮮を工業化したのか

工業生産比率が飛躍的に高まったということは、工場などで働く労働者がそれ相応に増えたということですが、それまで何百年も農業や漁業に携《たずさ》わってきた人たちが、慣れない仕事をする羽目にもなってしまったのです。これでは恨まれても仕方がありません。

朝鮮半島への日本政府の投資は凄いものがありました。併合前は年間予算千七百万円ほどだった朝鮮に対して、毎年三千万円近くもの巨費を投じたのです。前に述べた興南の窒素肥料工場は当時世界最大級の肥料工場であり、水豊ダムは東洋一の水力発電であり、鎮南浦《チンナンポ》の工業団地は世界一の規模の団地でした。

世界最大級の窒素肥料工場　　（『日本地理風俗史大系 16 朝鮮（上）』）

兼二浦三菱製鉄所　　（『日本地理風俗史大系 16 朝鮮（上）』）

日本は朝鮮半島の振興のために多額の国家予算を注《つ》ぎ込みました。本来は東北のために使われる予算の多くを朝鮮に回したために、東北が飢饉《ききん》に見舞われた時、多くの娘が身売りするという状況にも陥りました。

いったい、なぜ日本はそれほどまでのお金を投入して朝鮮の工業化に力を入れたのでしょうか。

それは日本が明治維新以降、富国強兵で素晴らしい発展を遂げたからです。もともと日本は朝鮮半島の独立を望んでいました。なぜなら朝鮮半島がロシアや中国に呑み込まれたら、日本の安全も脅《おびや》かされるからです。そのために日本は、朝鮮が近代化に成功して、強い国になってもらいたいという願いがありました。そしてロシアや列強の進出を抑えるための防波堤になってもらいたいと考えていたのです。

しかし朝鮮人にとっては、そんなことは知ったことではありません。それどころか、なぜ自分たちが日本の安全保障を担わなければならないのかと思ったことでしょう。日本の勝手な都合で農業国から工業国に作り替えられたことは迷惑以外の何ものでもありませんでした。

高い経済成長率が二十七年も続こうが、国民所得が増えようが、国内に日本企業による百七十の大工場が稼働して、百万人を超える雇用が生まれようと、そんなもの朝鮮人たちが望んだわけではありません。

私たちは今こそ、私たちの先人が朝鮮半島で行なってきたこれらの勝手なふるまい、甚大なお節介を反省すべきではないでしょうか。

【付記】併合前の朝鮮

ところで、併合前の朝鮮半島では人々はどのような暮らしをしていたのでしょうか。また町や村はどのような風景だったのでしょうか。

今からそれらを紹介していきましょう。

類を見ない不潔さ

併合前の朝鮮半島を旅行した外国人が口を揃《そろ》えて言うのは、朝鮮の村や街の不潔さです。漢城（京城）の市街であろうと、牛や馬の糞はいたるところに転がり、人糞も珍しくない有様であったと伝えられています。そのために鼻が曲がりそうな悪臭は、朝鮮半島諸都市の名物でした。

併合前の朝鮮半島を三年間（一八九四～九七年）に四度も訪れたイギリスの女性旅行家、イザベラ・バードは『朝鮮紀行　英国婦人の見た李朝末期』（講談社学術文庫）の中でこう書いています。

「城内ソウルを描写するのは勘弁していただきたいところである。北京を見るまでわたしはソウルこそこの世でいちばん不潔な町だと思っていたし、紹興《シャオシン》へ行くまではソウルの悪臭こそこの世でいちばんひどい臭いだと考えていたのであるから！」（時岡敬子訳）

彼女の文章を読めば、ソウルよりも北京や紹興のほうが不潔で悪臭ということですから、ソウルは東アジアではむしろましなほうだったのかもしれませんが、いずれにしてもとてつもなく汚く臭い町であったことはたしかなようです。

彼女はまた、こうも書いています。

「下水道は市内の汚水を夜に昼に絶えず城外に排泄《はいせつ》している。そのために下水道の泥は真黒に幾世も昔からの濁水に染められ悪臭を空中に放散して旅人を悩ましている」（工藤重雄訳）

この本には李朝末期の朝鮮の様子が克明に書かれています。政治、経済のみならず、街や農村の実態、人々の暮らしや生活ぶり、自然などをありのままに描写しています。まさしく当時の朝鮮を知るのに第一級の資料です。訳された本でも六百ページ近い分量があります。

バードは同時期の日本にも五度訪れ、『日本奥地紀行』（平凡社）という本を出していますが、そこで日本の美しい自然や街や家の清潔さに感銘を受けたことを書いています。

また日韓併合前（一九〇四〜〇五年）の朝鮮に入ったスウェーデンのジャーナリスト、アーソン・グレブストは、『悲劇の朝鮮』（白帝社）の中で、釜山の印象を次のように書いています。

「道は狭く不潔で、家屋は低くて見栄えがしなかった。日本のように人目を引く商店や、古い寺などもない。四方から悪臭が漂い、戸外にはごみが積もり、長い毛をだらりと垂らした犬が集まってきては食べ物をあさっている。あちこちに乾上《ひあが》った下水道があるが、そのべとべとした底ではいろんな汚物が腐りかけている」（高演義《コヨンイ》、河在龍《ハジエリヨン》訳）

どうやら釜山もソウルと同じくらい不潔な街だったようです。

十九世紀の朝鮮を旅した本間九介（本名、安達九郎）も『朝鮮雑記――日本人が見た1894年の李氏朝鮮』（祥伝社）の中で、当時の朝鮮人の不潔さを書いています。『朝鮮雑記』は、著者の本間が見た朝鮮の民衆の生活を描いたものです。バードの『朝鮮紀行』の四年も前に書かれたもので、資料的価値も高いものがあります。

明治中期ごろの平壌　（『日本地理風俗史大系 16 朝鮮（上）』）

同書によれば、朝鮮人の不潔さは街だけでなく、生活全般においてそうでした。市場で野菜や魚を売っている人たちは、地べたに食べ物を置き、中には腐っているものも珍しくなかったとあります。家で調理する場合も、匙《さじ》や箸などは使わず、すべて手でやります。垂れる洟《はな》を拭《ぬぐ》った手で、漬物を混ぜるのは普通だったようです。入浴の習慣がなかったため、体からも異臭が漂っていたといいます。

民家の壁は荒壁《あらかべ》で触れただけで衣服が汚れ、屋根裏に泥を塗っただけの天井は極端に低く、広い部屋でも六畳くらい、狭い部屋だと一畳に及ばないものでした。余談ですが、厠《かわや》の戸は、茶室の躙《にじ》り口《ぐち》そっくりで、後に朝鮮人が日本の茶室を見て、笑ったという話もあります。

糞尿に対する感覚も独特で、本間は、朝鮮人が小便で顔を洗うのを目撃しています。朝鮮人は家の中に尿瓶《しびん》のようなものを置き、客を迎える時もそれを目立たないところに隠すようなことはしませんでした。そして尿意を催すと、それに用を足しました。婦女子が陰部を洗うときは、尿を用いたといいます。梅毒《ばいどく》などの伝染を防ぐと信じられていたようです。

朝鮮の街が不潔だったのは古くからの伝統であったようで、十八世紀後半の実学者・朴斉家《パクチェガ》は『北学議』の中でこう書いています。

「わが都城内の人糞は浚《さら》い尽くすことがなく、悪臭は道路に充満し、橋のたもとや土塀の下には乾いた人糞が累々として溜まっており、大雨でも降らない限りこれが洗い浄められることはない」(宇野秀弥訳)

第二章の「民間療法」のところで詳しく述べますが、朝鮮人は糞尿に対しては、「汚い」とか「不潔」という感覚をあまり持っていなかったようなのです。

また併合前の朝鮮半島の道路事情が非常に劣悪であるというのも、多くの人が指摘しているところです。バードはこうも書いています。

「その道路は広くとも二頭の馬を並べること能《あた》わず。狭きは一人のチゲグン（荷物運び）が往来を塞《ふさ》ぐほどである。路傍には悪臭紛々たる溝を控え、路面はあくまで垢付いた半裸体の子供と、獰悪《どうあく》な犬とによりて占領せられている」

これらのバードの記述は朝鮮に対する特段の悪意を持って書かれたものではありません。彼女は旅行家らしく、自らの見たものを正確に、また非常に冷徹に、同時に客観性をもって描写しています。たとえば、朝鮮人の外国語習得能力は中国人よりも高いし、朝鮮人は日本人よりも体が大きいと書いています。

貨幣が流通しなかった

併合前の朝鮮は貨幣というものが用をなしていませんでした。

李朝時代には何度か貨幣が鋳造《ちゅうぞう》されましたが、額面通りの価値がなかったり、流通が禁止されたりして、まったく普及しませんでした。貨幣の代わりに用いられたのは米や布で、取引の主流は物々交換でした。

一四二九年の室町時代に来日した朝鮮通信使は、その報告書の中で、

「銭が盛んに用いられ、布や米による支払いを凌駕《りょうが》している。だから、千里の旅をするものであっても、ただ銭貨を帯びるだけでよく、穀物を携帯しなくてよい」(『李朝世宗実録』巻四六)

と書き、日本で銭が盛んに利用されていることに驚いています。

一九〇二年、日本が主導して貨幣制度を改め、日本風の「一円＝百銭」として、日本の大阪造幣局において、貨幣を作って発行しました。同年、日本の第一銀行韓国総支店が「第一銀行券」を発行して、大韓民国の紙幣として流通させました。つまり併合前に、独立国となっていた朝鮮は日本の造幣局や民間銀行が発行する貨幣や紙幣をお金として使っていたのです。

朝鮮は貨幣経済という面ではヨーロッパや日本に千年以上遅れていました。そのためもあってか、工業や商業はほとんど発展しませんでした。染色技術もほとんどなく、人々の衣服は多くが白でした(そのほとんどが汚れていましたが)。

民衆の中にある諦めの境地

朝鮮の民衆(常民)は常に死の恐怖に怯《おび》えていました。フランス人宣教師であったマリ・ニコル・アントン・ダヴリュイが書き残したものを、同じ宣教師のクロード・シャルル・ダレが編集した『朝鮮事情』（平凡社）には次のような記述があります。

「朝鮮では、飢饉が頻繁にみられる。最も貧しい階級の人びとにとって、それは年に二度、定期的に訪れる。まず、大麦の収穫を待つあいだの春窮期《しゅんきゅうき》の六、七月、次いで粟《あわ》類の取り入れ前の九、十月である。（中略）彼らに残された生きる糧《かて》といえば、ただ塩水で煮つめたわずかばかりの草木だけである」（金容権《キムヨングオン》訳）

人々を脅かすのは飢饉だけではありませんでした。グレブストは『悲劇の朝鮮』の中でこう書いています。

「そのころ鐘の音は城門のはるか遠くまでよく響き、ひとり旅の者たちをふるえ上がらせたものだ。というのも城塞《じょうさい》の外で夜をすごすことは大変危険だったからだ。ソウルの外部には人命を蠅《はえ》の命ほどにも思わぬ山賊やならず者で溢れていたという」

さらに民衆は両班にも搾取されていました。

併合前の朝鮮を一口で言えば、世界最貧国の一つと言っても間違いでない存在でした。同時にまた、とても文明国とは呼べない存在でもありました。日本が併合したのはそういう国だったのです。

韓国は今も、日本が朝鮮半島から多くのものを奪ったと非難しています。しかし当時の朝鮮半島には盗みたくとも盗めるものなどなかったのです。これがまぎれもない事実です。

第二章

伝統文化を破壊して、ごめん

日本が朝鮮半島で破壊したのは、教育、自然、農業、産業構造だけではありません。伝統文化をも破壊したのです。

どの民族にも、長い間かけて築き上げた固有の文化や風習があります。それらは「民族の魂」と言えるものであって、仮にその国と民族を支配したとしても、それらの伝統は尊重しなければなりません。

他民族や他国家が自国の文化や考え方と合わないからといって、伝統に口を挟むようなことがあってはならないのです。まして、それらを禁止したり、破棄させたりしてはならないのは当然です。しかし日本は朝鮮独自の文化や風習をまったく尊重せず、それらの多くを破壊したのです。

この章では、誰もが驚くような総督府の所業を紹介していきたいと思います。

身分制度の破壊

朝鮮の驚くべき身分制度

まず日本が手を付けたのは朝鮮の身分制度です。

併合前の朝鮮は、「二十世紀初頭の国家」とは思えないほどの階級社会であり、厳しい身分制度が敷かれていました。

身分は大きく六つに分かれます。王族およびその縁戚である「貴族」、次に特権階級の「両班《ヤンバン》」、この二つが支配階層です。併合前の李氏朝鮮末期には、戸籍上、両班が半分以上を占めていたという資料がありますが、これはおそらく戸籍を持っていた人の中での割合であったと思われます。併合前には朝鮮人の多くが戸籍を持っていませんでした。

両班の下には、「中人」（チュンイン）と呼ばれる階層があります。これは官僚機構を担った専門職ですが、両班からは厳しく差別されていました。

その下が「常民」(サンミン）と呼ばれる階層ですが、これは多くが小作農であり、実質的な人権はありませんでした。常民は「常奴」(サンノム）という蔑称《べっしょう》で呼ばれていました。

その下に位置するのが賤民《せんみん》階層です。朝鮮では高麗《こうらい》王朝時代から「七賤《しちせん》」とも呼ばれた賤民がいました(商人、船夫、獄卒、逓夫、僧侶、白丁《ペクチョン》、巫女《みこ》)。李朝時代には賤民の種類はさらに増えていきます。有名な妓生《キーセン》もその一つですが、これに関しては第六章で詳述します。

数多い賤民の中でも、最も身分が下とされたのが「白丁」(ペクチョン）と呼ばれる人々です。白丁には戸籍などなく、したがって姓もありません。朝鮮半島においては、非常に激しい差別にさらされ、いくつもの禁止事項がありました。それはもう想像を絶するほど過酷なものですが、そのうちのいくつかを挙げてみましょう。

○姓を持つことを禁止。
○常民と結婚することを禁止。
○日当たりのいい場所に住むことを禁止。

両班の家族　（『日本地理風俗史大系 16 朝鮮(上)』）

賤民の暮らし。右端に見えるのは両班　（『日本植民地史１　朝鮮』）

○文字を知ることを禁止。
○他の身分の人に敬語以外で話すことを禁止。
○公共の場に出入りすることを禁止。
○葬式で棺桶《かんおけ》を使うことを禁止。
○墓を建てることを禁止。
○一般民の前で胸を張って歩くことを禁止。

他にもまだまだ禁止事項はありますが、このあたりでやめておきましょう。書いていて、気持ちがどんよりしてきます。

そして、白丁がこれらの禁を破った場合、鞭打《むちう》ちや足を折るなど、非常に残酷な刑が待っていました。時には刑罰以外に、リンチで殺害されることもありました。しかし白丁を殺した人間は何の罰も受けませんでした。白丁は人間ではないとされていたからです。

このほかにも、奴婢《ぬひ》（奴隷）という身分がありましたが、これは家畜同然で、容易に売買される存在でした。驚くべきことに、李朝末期の朝鮮には、奴隷が約三割いたとされています。

今日の感覚で言えば、非人間的な身分制度とも思えますが、朝鮮半島では、これが千年以上にわたって維持されてきたのです。つまり、この制度は朝鮮の伝統であり、長く続いてきたのも朝鮮の人々がこれをよしとしてきたからに他なりません。

ところが、日本はこの伝統的身分制度にも手を付けたのです。

戸籍の導入

日韓併合後、総督府は、朝鮮半島に長らく続いた身分制度を破壊しました。王族を除くすべての人を平等に扱ったのです。

日本の戸籍制度を導入して、それまで人間とは見做《みな》されていなかった賤民に戸籍を与えました。これにより姓を持ち、身分差別から解放された白丁は、子供を学校へ通わせることも許されました。

さらに奴婢を解放し、奴隷制度を撤廃させました。長きにわたって行なわれていた、幼児売買や人身売買も禁止させました。こうして朝鮮の伝統的身分制度をほぼ壊滅させてしまったのです。

これらはもちろん、両班や中人の許可を得てしたことではありません。したがって両班たちは、「こんなものは認めない」として、総督府に激しく抗議しましたが、日本政府は断固として抗議を認めず、白丁や奴婢に人権を与え、それまであった禁止事項も廃止させてしまいました。

そこには何の正当性もないと朝鮮人は思ったことでしょう。ただ、日本人が自分たちの価値観にそぐわないというだけの理由で、朝鮮の長年の伝統を勝手に変えてしまったのですから。両班や中人たちが怒りまくったのも当然です。またこれらの身分制度撤廃は、白丁や奴隷たちに頼まれてしたことでもありません。総督府が勝手にやったことなのです。したがって、白丁たちにとっても有難迷惑であったかもしれません。

ところが、総督府が白丁の身分差別を撤廃して百年以上経ったにもかかわらず、今も韓国では罵倒語《ばとうご》として、「白丁」あるいは「白丁野郎」（ペッチョンノム）という言葉が使われています。私はそれを知り、韓国の人々が今も古い伝統を大切にしているということに、ホッとした気持ちになります。

ちなみに、併合時代も白丁は「元白丁」と呼ばれ、やはり差別を受けていたようです。済州島《チェジュド》など白丁が多くいた地域に住む人々は、貧しさと厳しい差別から逃れるために日本に渡ってきた人も多いと言われています。彼らは出自を消すために新天地にやってきたというわけです。

在日韓国・朝鮮人たちの中には、そうした暗い過去を背負った人たちもいることを、私たちは忘れてはならないと思います。

【付記1】 両班の実態

両班の恐ろしさ

併合前の両班の特権は、凄《すさ》まじいものでした。

彼らは完全な支配階級であり、同時に徹底した搾取者でした。常民に対しては生殺与奪の権利を持ち、常民のものは食べ物であろうと、妻であろうと娘であろうと平気で盗りました。その収奪は有無を言わさぬものであったと伝えられています。しかし常民はそれに対して逆らうことはできませんでした。

また両班は、気に入らない常民がいると、捕えて、家の前庭でムシロ巻きにして地面に転がし、雇人《やといにん》たちに棍棒《こんぼう》で打たせました。どこの村でも、打たれた常民たちが「アイヤ！　アイヤ！」（痛い！　痛い！）、「ヨンソヘチュセヨ！」（許してください！）と泣き叫ぶ光景が日常茶飯事《さはんじ》であったといいます。

両班が常民に与える最も恐ろしい罰は「周牢《チュリ》」というものです。これは縛った両足

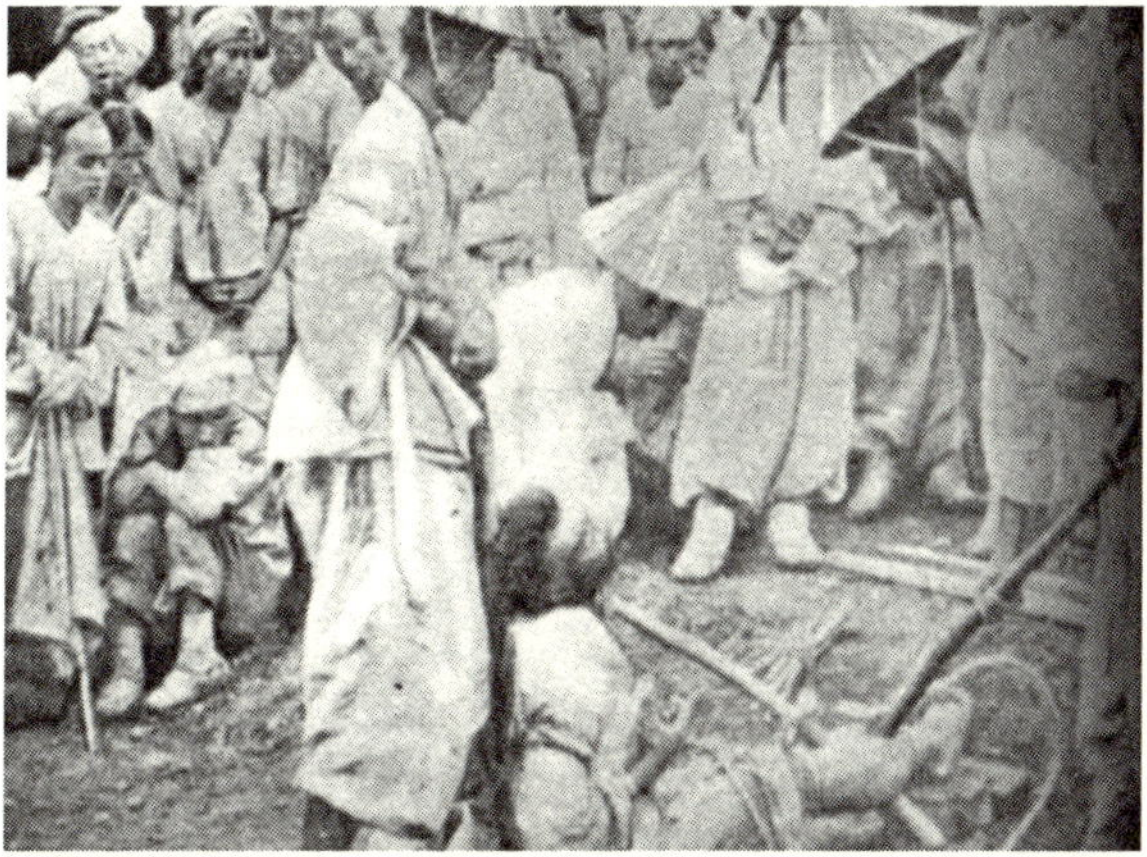

周牢の刑を受ける囚人（両脚の間に二本の棒を差し込んでいる）
（『日本植民地史１　朝鮮』）

の間に固い木の棒を差し込み、それを捻《ね》じるという残虐な仕打ちです。これをやられると、激痛もさることながら、しばしば膝の関節が抜けたり、骨折したりしました。併合前の朝鮮の村々には、「周牢」のために障碍者《しょうがいしゃ》になったり、一生歩けなくなったりした人が見られたそうです。

李朝中期の歴史書『天倪録《てんげいろく》』には、「両班のやることに口にはさむと、命にかかわる」と書かれています。朝鮮の民話には、両班の怒りを買って、両目をくりぬかれたりしたというような残酷な話はいくらでもあります。

両班は働かなかった

両班は儒教思想を強く受けているために、「働くこと」を忌《い》み嫌っていました。それどころか、体を動かして汗をかくということも恥ずべきこととされていました。それは徹底していて、たばこに火をつけることもしないという者もいたくらいです。

李朝の第二十六代国王である高宗《コジョン》が米公使館を訪れたときに、公使館員が庭でテニスをしているのを見たときのエピソードは有名です。高宗はこう言いました。

「あのようなことは、どうして奴婢にやらせないのか」

前述のイギリス人の女性旅行家イザベラ・バードは、『朝鮮紀行』で次のように書いています。

「両班は自分ではなにも持たない。自分のキセルすらである。両班の学生は書斎から学校へ行くのに自分の本すら持たない。慣例上、この階級に属する者は旅行をするとき、おおぜいのお供をかき集められるだけかき集めて引き連れていくことになっている。本人は従僕に引かせた馬に乗るのであるが、伝統上、両班に求められるのは究極

両班たち。給仕の娘もいる会食風景　（『日本植民地史１　朝鮮』）

の無能さ加減である。従者たちは近くの住民を脅して飼っている鶏や卵を奪い、金を払わない」

彼女はまたこうも書いています。

「朝鮮の災いのもとのひとつにこの両班つまり貴族という特権階級の存在がある」

まさしく両班というものを一言で言い表している言葉でしょう。

前章でも引用した『朝鮮事情』から、マリ・ニコル・アントン・ダヴリュイの言葉をいくつか紹介しましょう。

「朝鮮の両班は、いたるところで、まるで支配者か暴君の如くふるまっている。大両班は、金がなくなると、使いの者をおくって商人や農民を捕えさせる。その者が手際よく金を出せば釈放されるが、出さない場合は、両班の家に連行されて投獄され、食物も与えられず、両班が要求する額を支払うまで笞《むち》打たれる。両班のなかで最も正直な人たちも、多かれ少なかれ自発的な借用の形で自分の窃盗行為を偽装するが、それに欺《あざむ》かれる者は誰もいない。なぜなら、両班たちが借用したものを返済したためしが、いまだかつて無いからである。彼らが農民から田畑や家を買うときは、ほとんどの場合、支払いなしで済ませてしまう。しかも、この強盗行為を阻止できる守令《スリヨン》は、一人もいない」（金容権訳）

両班の横暴ぶりが書かれています。

さらに次のような文章もあります。

「両班が首尾よくなんらかの官職に就くことができると、彼はすべての親戚縁者、最も遠縁の者にさえ扶養義務を負う。彼が守令になったというだけで、この国の普遍的な風俗習慣によって、彼は一族全体を扶養する義務を負う。もし、これに十分な誠意を示さなければ、貪欲《どんよく》な者たちは、みずから金銭を得るためにさまざまな手段を使う。ほとんどの場合、守令の留守のあいだに、彼の部下である徴税官にいくばくかの金を要求する。もちろん、徴税官は、金庫には一文の金もないと主張する。すると、彼を脅迫し、手足を縛り手首を天井に吊り下げて厳しい拷問にかけ、ついには要求の金額をもぎ取る。のちに守令がこの事件を知っても、略奪行為に目をつむるだけである。官職に就く前は、彼自身もおそらく同様のことをしたであろうし、また、今の地位を失えば、自分もそのようにするはずだからである」(同前)

ダヴリュイはこうも書いています。

「朝鮮の貴族階級は、世界中で最も強力であり、最も傲慢《ごうまん》である」

ダヴリュイは一八六六年に、漢城で処刑されていますが、もしかしたら両班の怒りを買ったのかもしれません。

日本政府と総督府は、これら両班の特権を奪い去ってしまったのです。これでは両班は日本を大いに恨むことでしょう。

読者の中には、「両班の怒りはわかるが、両班は朝鮮人全体の一部に過ぎないだろう。大半の常民や白丁や奴婢は、むしろ喜んだのではないか」と言う人もいるかもしれません。

ところが実に不思議なことに、現代のほぼすべての韓国人たちは、「自分のルーツは両班であった」と主張しています。なるほど、これではすべての韓国人に恨まれても仕方がありません。

【付記2】 朝鮮の奴隷制度

人権も自由もない

併合前の朝鮮には奴隷（奴婢）が約三割いたと書きました。白丁を代表とする賤民は非常に虐《しいた》げられ、人権もなきに等しいものでしたが、自由だけはありました（大いに限定されたものでしたが）。しかし奴婢には自由さえもありませんでした。奴婢には国が所有権を持つ公賤と、私人が所有権を持つ私賤の二種類があり、私賤は伝来賤、買賤、祖伝賤の三つに分かれていましたが、ここではその詳細な説明は省きます。

すべての奴婢は人間ではなく品物と同じでしたから、主人は勝手に売買でき、またその奴婢にどんな暴力をふるっても、あるいは殺しても何ら問題にはなりませんでした。奴婢が女性（婢女《はしため》）の場合、主人が犯すのも自由です。実際、併合前の朝鮮では、奴婢の女性の多くは主人の性の道具にされました。

主人に弄《もてあそ》ばれた婢女の多くは、不幸なことに主人の妻の怒りと嫉妬《しっと》を買いました。そして主人の妻に打ち据えられたり、ひどい場合には殺されることもありました。

李朝時代の風俗を描いた『ソウル城下に漢江《ハンガン》は流れる——朝鮮風俗史夜話』（林鐘国《イムチヨングク》著・平凡社）には、こんな文章があります。

「韓末、水溝や川にはしばしば流れ落ちないまま、ものに引っ掛かっている年ごろの娘たちの遺棄屍体《したい》があったといわれる。局部に石や棒切れを差し込まれているのは、いうまでもなく主人の玩具《おもちゃ》になった末に奥方に殺された不幸な運命の主人公であった」（朴海錫《パクヘソク》・姜徳相《カンドクサン》訳）

運よく奥方の怒りから逃れた婢女が主人の子を産んでも、奴婢が産んだ子は奴婢となり、親と同じく主人の所有物として財産目録に記入されました。これは「従父法」と呼ばれるもので、奴婢の量産を目的としたものです。もっとも後述する「シバジ」が産んだ子は別です。

かつてアメリカでは、黒人奴隷が非人間的な扱いを受けていましたが、それと同様か、あるいはそれ以上に厳しい奴隷制度が朝鮮には存在していたのです。驚くべきことは、それらが同じ民族に対して行なわれていたということです。

アメリカの場合は白人と黒人の双方が、百年以上の年月をかけて黒人の人権と自由を拡大させてきましたが（とはいえ、今も差別はあります）、朝鮮においては、日本の総督府が併合と同時に奴婢を解放しました。そこには千年以上にわたって奴婢の存在を認めてきた朝鮮の歴史や伝統に対する敬意は微塵《みじん》も見られません。ただ日本人の価値観に合わないという理由だけで、突如として制度を変更してしまったのです。今さらながら、我が先人の横暴に呆れるばかりです。

刑罰の破壊

凌遅刑の廃止

日本が行なった朝鮮の伝統文化の破壊は身分制度だけではありません。「凌遅刑《りょうちけい》」の廃止もその一つです。

「凌遅刑」とは中国王朝に昔からある伝統的な処刑方法のひとつで、生きている人間の肉を少しずつ切り取り、長時間にわたって苦しみを与えながら殺していくという想像を絶する恐ろしい刑罰です。中国では、単なる斬首はむしろ軽い部類の刑でした。日本は遣隋使《けんずいし》や遣唐使《けんとうし》を通じて、中国の様々な文化を移入しましたが、凌遅刑を取り入れることはしませんでした。ちなみに、後宮に仕える男性の性器を切除する「宦《かん》官《がん》」も、非人間的な試験競争である「科挙《かきょ》制度」も、日本は導入しませんでした。私たちは先人のこの賢明な判断に深く感謝すべきでしょう。

しかし中国の属国であった李氏朝鮮は違いました。凌遅刑も宦官も科挙もすべて取り入れました。

ちなみに凌遅刑は、朝鮮では「凌遅処斬」あるいは「凌遅処死」と呼ばれています。大きく分類すると三つの等級に分かれ、一等級は墓に入っている死体を掘り起こして、首、胴体、腕、足の六つの部分に切って、晒《さら》しものにするというものです。二等級は牛を用いて八つ裂きにするというもの。三等級は生きたまま皮をはいでいくというものです。これ以外にも、文字にするのもはばかられるような残虐な殺し方がありました。

ちなみに李氏朝鮮末期に朝鮮の近代化を目指して活動していた開明派の金玉均《キムオッキュン》は、亡命中に上海で暗殺されましたが、朝鮮政府は彼の死体を朝鮮まで持ち帰り、胴体は川に捨てられ、首は京畿道竹山《キョンギドチュクサン》、片手及び片足は慶尚道《キョンサンド》、他の手足は咸鏡道《ハムギョンド》に晒されました。そして彼の妻子は奴隷の身分にされて売り飛ばされました（金玉均も妻子も両班でしたが、その身分は剝奪《はくだつ》されて奴婢とされました）。

そういえば、北朝鮮の金正恩《キムジョンウン》朝鮮労働党委員長のもとで、彼の叔父《おじ》である張成沢《チャンソンテク》が謀反《むほん》の罪で処刑された時、その死体に九十発を超える弾丸が撃ち込まれ、身体がバラバラになったと言われていますが、これは朝鮮半島の伝統が生きているのかもしれ

鞭打ち刑の様子　　（『日本植民地史１　朝鮮』）

ません。また二〇一七年にマレーシアのクアラルンプール国際空港で暗殺された金正男《キムジョンナム》の遺体も、北朝鮮が執拗《しつよう》にマレーシア政府に要求して持ち帰りましたが、もしかしたら凌遅刑にするつもりだったのでしょうか。

李氏朝鮮時代の刑罰に関して言えば、殺しはしないまでも、前述したように両足を折って一生障碍者にするという刑もありましたし、それに類するおぞましい拷問は日常的に行なわれていました。これらの拷問は何かを自白させるという目的ではなく、ただ苦痛を与えるために行なわれることがほとんどでした。また処刑する前に、公開で拷問するということもよく行なわれてい

首枷に処せられた罪人たち　　　　（『日本植民地史1　朝鮮』）

ました。

グレブストは『悲劇の朝鮮』の中で、自ら目撃したある死刑囚の執行の場面を書いています。

「囚人の足の内側に棒をはさんで、執行人たちは、自分の体重をすべて棒の片側にかけた。囚人が続けざまに吐き出す叫び声は、聞いていてもじつに凄惨《せいさん》なものだった。足の骨が砕けつぶれる音が聞こえると同時に、その痛さを表現する声も囚人の凄絶な悲鳴も止まった。（中略）顔には、死人のそれのようにまったく血の気がなく、唇は、固く閉じられてひとつの細い真っ青な線になっている。両の目は白目をむいており、額からは冷たい汗が雨のようにしたたり落ちた。（中略）執行人らは、囚人の腕の骨と肋骨《ろっこつ》を次々と折ってから、最後に絹紐《きぬひも》を使って首を絞めて殺し、その死体をどこへやら引き摺っていった」

こうして引用しているだけでも悲鳴が聞こえてきそうです。

鞭打《むちう》ちは日常的なもので、罪人が死ぬまで鞭打たれることは少しも珍しいことではなく、イザベラ・バードは『朝鮮紀行』の中で「罪人が苦痛に叫ぶ声は近くのイギリス伝道館の中にまで聞こえてくる」と書いています。

凌遅刑も拷問も一八九四年の「甲午改革」で禁止とされましたが、実際には廃止されることはありませんでした（甲午改革では、封建的身分制度の廃止や奴隷や白丁の廃止なども謳《うた》われていましたが、どれも実施されませんでした）。

もっとも、残酷な刑罰はヨーロッパや日本にもありました。戦国時代の日本でも「八つ裂き刑」や「釜茹《かまゆ》で刑」などが行なわれていましたし、ヨーロッパでも「磔《はりつけ》」「火あぶり」「車刑」などの残虐な刑はありました。しかしそれらは近代においては姿を消しました。ところが朝鮮半島では、二十世紀に入ってもそうした刑が普通に行なわれていたのです。

日本が行なった制度廃止

日本は朝鮮を併合すると、身分制度や奴隷の廃止とともに、凌遅刑や拷問も完全に廃止しました。もっとも「鞭打ち刑」に関しては、総督府時代に入ってもしばらくは残っていました。ただし、「鞭打ち刑を受けるものは心身ともに健康である者」とし、また重傷に至らないように、医師の立会いのもとで行なわれました。

ところで、朝鮮に昔からあった残虐な刑罰を、総督府が禁止あるいは廃止にしたことは、現在の私たち日本人の感覚から言えば、人道的な判断であると思うかもしれませんが、それは驕《おご》りだと言わねばなりません。

かつてヨーロッパ人がアジアやアフリカの諸民族の文化や風習を見て、「自分たちの価値判断にそぐわない」として、「正しい道に進ませる」という傲慢《ごうまん》な態度で、それらを禁止したり廃止させたりしましたが、日本が行なったことも、まったくそれと同じです。

朝鮮民族が長い間、それが正しいと思ってやってきたことを廃止させたのですから、朝鮮人が「伝統を破壊された」と怒ったとしても、私たちは何の言い訳もできないでしょう。

併合前の法廷。江戸時代の日本のお白州のように容疑者は地べたに座らされている　（『日本之朝鮮』）

併合後の法廷　（『日本之朝鮮』）

シバジの禁止

代理出産

総督府が朝鮮半島の伝統文化を破壊した例は他にもあります。その一つが「シバジ」と呼ばれるものです。これは「種受け」という意味で、併合前まで存在した女性の職業です。またその仕事に携《たずさ》わる女性の呼び名です。もちろん身分は最下等の賤民です。

シバジは、跡継ぎが生まれない両班の家の主人と性交し、跡継ぎの男の子を産むことにより、報酬を受け取ります。そして跡継ぎの男の子を出産すると、シバジはその子の顔も見ることなく、ただちに家を追い出されました。しかし産んだ子が女の子なら、その子は跡継ぎにはなれず、母親に引き取られて同じようにシバジとなりました。

主人にとっては、自分の娘である子を引きとらずにシバジにするというのは、現代の私たちの目から見れば理解しにくいところですが、それが当時の朝鮮人の普通の感覚だったのでしょう。

シバジは日本の妾《めかけ》とは違い、ただ子を産むためだけに存在するものです。そこには愛情も何もありません。実にドライに見えますが、李氏朝鮮では実際にあった職業であり、伝統的な文化です。ただ、嫉妬した夫人に虐待されることも多かったといわれています。

一見、前近代的な文化に見えますが、近年、欧米の先進諸国でも「代理出産」という行為が認められているのを見ると、朝鮮人の先進性に驚かされます。

しかし総督府はその先進性に気付かず、日本的な古い価値観から、「人道上問題がある」という理由で、この仕事を禁じました。これまた暴挙と言わざるを得ません。いやしくも、その国が長らく行なってきた伝統的な風習を、独りよがりな価値観でもって禁じてしまうということは、到底許されることではないでしょう。

これも日本が韓国に謝罪すべきことのひとつです。

乳出しチョゴリの禁止

乳房を出すのは女性の誇り

総督府が禁止した朝鮮の伝統文化の一つに「乳出しチョゴリ」があります。併合前の朝鮮は、「長男を産んだ女性は乳房を露出する」習慣がありました。これは辱《はずかし》めではなく、女性にとっては誇らしいものでした。

当時の朝鮮は凄まじい男尊女卑の思想があり、女性は性の快楽の道具か、子供を産む道具のようなものでした。それで、長男（嫡子《ちゃくし》）を産んだ女性は「女性としての仕事を立派に成し得た」と見做されました。そんな彼女たちに、チマチョゴリから乳房を出してもいいという「特権」のようなものが与えられたのです。これが「乳出しチョゴリ」です。この風習は十八世紀くらいから始まりました。李朝時代の写真には、チョゴリの間から乳房を出している女性の写真はいくらでもあります。

ところが朝鮮を併合した日本人は、これを「恥ずかしくて、煽情的《せんじょうてき》」な風習と見たようです。そしてあろうことか総督府は、「乳出しチョゴリ」を禁じてしまったのです。これまたとんでもない横暴です。自分たちの価値観で、他国の文化を抹殺してしまう――こんなことが許されていいはずがありません。

乳出しチョゴリを着た女性　（『悲劇の朝鮮』）

しかし朝鮮の女性たちは自分たちの誇りを簡単に捨て去ったりはしませんでした。彼女たちは乳出しチョゴリをその後も着続け、一九五〇年代までその風習は細々と残っていました。しかし朝鮮戦争を境に消えてしまったようです。

歴史の抹殺

ところが奇妙なことに、それから五十年経って、現在の韓国人たちはそのことを忘れてしまったようです。

というのも近年、インターネット上で「乳出しチョゴリ」の写真が広まったとき、多くの韓国人が「こんな破廉恥《はれんち》な習慣は我が国には存在しない。日本人や中国人による悪意ある捏造《ねつぞう》だ」と非難したのです。彼らはわずか五十年前にはあった自国の風習を忘れてしまったのでしょうか。いくら何でもそれは有り得ません。では、なぜ彼らはそんなことを言ったのでしょう。

想像するに、現代の韓国人たちは「乳出しチョゴリ」の風習を恥ずかしいことだと思っているのではないでしょうか。それで、「そんな風習は朝鮮にはなかった」と強弁しているのではないでしょうか。

そんな彼らを健忘症と笑う人がいます。しかし私は笑えません。

もし現代の韓国人たちに、乳出しチョゴリが恥ずかしいことだと思わせた、そのきっかけをつくったのが、併合時代の日本だとしたら——こう思うと、とてもつらい気持ちになります。かつての朝鮮人女性が「誇り」と思っていたものを、「恥ずかしいこと」にしてしまった罪は小さくはありません。私たちは一つの風習を消しただけではなく、彼女たちの「誇り」をも奪い、汚してしまったのです。

嘗糞《しょうふん》の禁止

伝統の民間療法

総督府は朝鮮に伝わる民間療法をいくつか禁じましたが、その一つが「嘗糞」（サンプン）です。

これは人間の便を嘗《な》めて、その味によって体調を診断するというものです。親に対して行なう場合は、孝行の一つとされていて、逸話がいくつも残っています。

実はこの療法は中国でも昔からありました。もしかしたら朝鮮人は中国からその文化をいただいたのかもしれません。しかし日本はそういう文化を受け入れることはしませんでした。

併合前の朝鮮に渡り、朝鮮人たちの風俗や民俗を調べた今村鞆《いまむらとも》が一九一四年に著わした『朝鮮風俗集』（龍溪書舎より復刻）には次のような記述も残っています。

「親の病のとき其《その》糞を嘗《な》める、此《こ》れは其味が甘くして滑かなれば全快せず、苦くして粗なれば全快すると云《い》ふ、言伝へにより快否を験する為《た》めである。糞には胆汁《たんじゅう》が働ひて居るから大抵は苦味があろふが、甘味のあるものは恐《おそら》く有るまひ」

　便を嘗めることに抵抗がないことから、朝鮮では大便を原料とする「トンスル」というお酒が生まれたのかもしれません。トンスルについては後述します。

　この風習（健康診断法？）は後に娯楽の一つとなり、何人もの男たちが互いの糞を嘗めあって誰の糞であるかを当てる遊びが流行しました。

　今の私たちには何が面白いのかまったく理解できない遊びですが、併合した当時の先人たちも同じように思ったようです。総督府はこの風習を、汚くて不潔なものとして禁止しましたが、これもまた他国の文化を尊重する気持ちが欠如したゆえと言われても仕方がありません。

【付記】 朝鮮の民間療法

併合後に急速に姿を消した民間療法

併合前の朝鮮半島では、嘗糞以外にも民衆の間では奇妙な民間療法が広く行なわれていました。

医学が発達するまではどこの国でも非科学的な民間療法がありましたが、朝鮮半島に伝統的にあったものもかなり風変わりなものだったようです。前出の『朝鮮風俗集』に書かれた民間療法をいくつか紹介しましょう。

○長男の胎盤を煎じて日に三回飲む（神経衰弱に効くと言われています）
○人肉の粥《かゆ》を食べる（肺病に効くと言われています）
○美人の月経の血を飲む（精神病に効くと言われています）
○犬の糞水を一日二～三回飲む（内腫症に効くと言われています）

○人糞を焼いて歯に含む（虫歯に効くと言われています）
○人の陰茎《いんけい》を食べる（ライ病に効くと言われています）
○雌犬と交接する（淋病《りんびょう》に効くと言われています）

東京帝国大学を卒業後に朝鮮半島に渡り、朝鮮人の生活習慣、風俗、信仰などを調べた村山智順《ちじゅん》が著わした『朝鮮の鬼神』には、こんな民間療法も書かれています。

「流産したる時はその胎児を食せば産後の経過良好なり」

「消化不良には豚糞《とんぷん》を食せば直ちに消化す」

他にもまだ珍奇なものがありますが、このあたりにしておきましょう。

これらの民間療法は併合以降、朝鮮半島から急速に姿を消しました。総督府が禁止を命じたという記録はありませんが、日本人が自分たちの感性に合わないということで、忌《い》み嫌ったり、「そんなことをしても効かないからやめろ」と言った可能性は大いにあります（もしかしたら人肉食は禁じたかもしれません）。そのせいか現在の韓国ではほとんど行なわれていないようです。

もし日本が何らかの圧力をもって、これらの民間療法を根絶に追いやっていたなら、これも日本が韓国に謝罪しなければならないことの一つでしょう。

童便軍

李氏朝鮮時代には、「童便軍《どうべんぐん》」というものがありました。

これは内医院《ネイウオン》に属した少年の奴婢（奴隷）で、薬用の小便を出す役目を持った存在です。彼らは童便軍士とも呼ばれました。朝鮮の法『六典條例』によれば、童便軍士の定員は三名で、容姿端麗の少年（男児）が王宮に仕えたとあります。朝鮮医学の処方集『方薬合編』では、十二歳未満の少年のおしっこは、虚労・頻尿《ひんにょう》・壮陽（＝精力増進）・補陰（＝漢方用語で口内や皮膚、目の乾燥を補う）・咽喉《いんこう》口舌の瘡腫《そうしゅ》などに、薬用効能があるとされ、これを調達するために所属させていました。

新鮮な尿が良いとされていたので、王が旅するときは常に随行し、王が体調不良を訴えたら、すぐに排尿すべく訓練されており、足を冷水に浸すと尿意を催すように条件反射づけられていました。

ちなみに子供の小便は漢方医学では一般に薬用とされているので、これも中国から伝わったものかもしれません。日本でも戦国時代には、戦場の療法の一つとして、兵が自分の尿を飲んだという記録が残っています。しかし江戸時代以降はそういう風習はなくなったようです。

ただ、日本でも最近、自分の尿を飲む「健康法？」があるらしく、もしかしたら併合時代に朝鮮から一部の日本人が学んだ文化であるかもしれません。もっとも、いくら体にいいと言われても、私は飲む気はしません。

トンスルについて

朝鮮半島では昔から、人の排泄物を薬用として利用してきました。李朝時代の一六一三年に編まれた医学書『東《トン》醫《イ》寶《ボ》鑑《ガム》』にも、大便や小便を使った生薬が何種類も書かれています。たとえば「毒キノコ中毒になった時、人糞を一升食べさせる」と書かれてあり、朝鮮の昔の歌手がのどを通りをよくするために人糞水を飲んだという話も伝わっています。人糞を使った薬は後に民間療法となって広まりました。

「トンスル」は人糞を原料にした薬用酒ですが、もしかしたらこうした流れで生まれた酒かもしれません。古来、骨折や打撲や腰痛に効果があるとされてきました。

地方によって様々な製造方法がありますが、そのいくつかを紹介しましょう

○竹筒に小さな穴を開け、松葉でその穴を塞《ふさ》ぎ、汲《く》み取り式の便所の中に三～四カ月入れておく。すると竹の中に液が溜《た》まるので、それをマッコリと混ぜて熟成させる。
○幼児の大便に水を混ぜ、丸一日発酵させ、炊いた米と酵母に混ぜて酒にする。
○赤ちゃんの排泄物を焼いたものに、複数の「韓薬」と酒を混ぜて作る。

簡単なものは、田舎の汲み取り式便所に竹を差し込んで、竹の中に入った排泄物に酒を入れ混ぜ合わせて飲むそうですが、急ごしらえのトンスルは効果も弱く、臭みもきついので飲みづらいと言われます。

またトンスル以外にも、乾燥させた人糞を焼いて水に溶かした「野人乾水《ヤインゴンス》」という薬もありました。これは「傷寒発狂」（腸チフス）からくる循環器系の疾患および意識障害のときに用いる三番目の薬と言われています。テレビドラマ『宮廷女官チャングムの誓い』で有名な十五～十六世紀の李氏朝鮮時代の女医、大長今《テジャングム》が王に解熱剤として処方したことで知られています。

ちなみに「発狂」に対する最も厳しい民間療法は「火却法」と呼ばれるもので、火の中に顔を突っ込んで鼻の穴から炎を吸い込むという凄まじいものでした。まあ、正気ならとてもできない治療法です。

総督府がトンスルを禁じたという記録はありませんが、糞尿に嫌悪感を持つ日本人が忌み嫌い、かつ馬鹿にした可能性は高いと思っています。トンスルが併合後に急速に消えたのは、あるいはそのせいかもしれません。

トンスルは現在の韓国ではほとんど作られておらず、飲む人もいないということです。ネットニュースやタブロイド紙には、今も韓国の一部には根強い愛飲者がいると書かれていますが、真偽のほどはわかりません。

第三章

「七奪」の勘違い

韓国は日本が朝鮮から「七つのものを奪った」と主張しています。俗に言われる「七奪《しちだつ》」です。韓国の高校の指定教科書には次にように書かれています。

「日本は韓国から大切な七つのものを奪った世界でも類を見ない悪辣《あくらつ》な帝国主義者である」

韓国人は十代の頃から、このことを徹底して学びます。そして韓国が今も国力において日本に劣っているのはそのせいであると教えられます。

さて、韓国が主張する「七奪」とはいかなるものなのでしょうか。それは「主権」「国王」「国語」「人命」「姓名」「土地」「資源」の七つです。

韓国から見れば、まさに「奪いつくされた」といった感じなのでしょう。しかし、これはすべて嘘です。と言いたいところですが、朝鮮人は嘘なんかつかない善良な民族だと思うので、おそらく大いなる勘違いです。

この章では、それらを一つずつ検証して正していくことにしましょう。

「主権を奪った」という勘違い

清への服従は絶対

そもそも朝鮮には主権というものは初めからありませんでした。

朝鮮はずっと長い間、中国の属国であり、これは当時の世界の常識でした。たとえば李氏朝鮮の古い国旗には「大清国属《だいしんこくぞく》」（清の属国）と書いてあることなどはその証の一つです（清の李鴻章《りこうしょう》によって編纂《へんさん》された『通商章程成案彙編』に収録された太極旗は、清の国旗、軍旗、商船旗の後に位置付けられています）。

第一章の「教育の強制」のところでも書きましたが、世宗《セジョン》がハングルを広めようとした時、朝鮮のインテリたちは「昔から、中華の土地では、風土が異なっても方言を文字にした例はない」と言って反対しています。李王朝が誕生した時にも、宗主国であった明《みん》の元号を使っていました。他にも朝鮮が中国の属国であると自ら認めていたことを表わしている文献はいくらでもあります。

さらに気の毒なことに、朝鮮は中国の属邦《ぞくほう》の中でも下位だったのです。十七世紀ごろに中国の宮廷のことを描いた『渓陰漫筆』には、「天朝（中国の皇帝）の朝賀の席でも、他の属国の使臣が赤色の礼服を着ることが許されていたのに対し、朝鮮の使臣だけは黒色の丸首の衣であった」と書かれていますし、また「琉球（沖縄）の使臣は駕籠《かご》に乗って宮廷に入ることが許されていましたが、朝鮮の使臣は駕籠に乗ることを禁じられていた」（『韓国は日本人がつくった』黄文雄著・徳間文庫）とも書かれています。実際、李朝時代の臣民は琉球以下の扱いを受けたと嘆いています。

そして、李氏朝鮮には宗主国の清に対して守らなければならない厳しい規則がありました。

一、朝鮮国王は清の皇帝によって任命される。
二、朝鮮国内の事件はすべて清の皇帝に報告しなければならない。
三、朝鮮国王は清の使節をソウル城門まで出迎えなければならない。
四、朝鮮国王の地位は、清の廷臣よりも下。
五、朝鮮政府には貨幣の鋳造権《ちゆうぞうけん》はない。

六、朝鮮政府には、清に食糧や兵隊を要求する権利はない。
七、朝鮮は毎年、清に細かく定められた穀物と、牛三千頭、馬三千匹、各地の美女三千人を選抜して貢がなければならない。

まあ実に厳しいものですが、これを見ても朝鮮に主権があったとはとても思えません。清への服従は絶対的なもので、朝鮮国王が清の皇帝に奉呈した貢文の中に、たった一カ所気に入らない言葉があっただけで、朝鮮国王は銀一万両を罰金として支払わされたという記録があります。

漢城には昔、清の使者を迎える「迎恩門《ヨンウンムン》」がありました。清の使者が来ると、朝鮮国王は自ら出向き、「三跪九叩頭《さんききゅうこうとう》の礼」で迎えました。三跪九叩頭とは、まず「跪《ホイ》」の号令で地面に土下座し、「一叩《イーコウ》」の号令で、額《ひたい》を地面に叩《たた》きつけます。「二叩《ツァイコー》」の号令で、もう一度それをやり、「三叩《サンコー》」の号令で、さらにそれをやります。そして「起《チー》」の号令で立ち上がります。この一連の動きを合計三度繰り返すので、「三跪九叩頭の礼」と名付けられました。国王が使者に対して、ここまでへりくだっていたのです。かわいそうなことに「三跪九叩頭の礼」をやり終えると、王の額は血まみれになっていたそうです。たかだか使者の前で、一国の王が頭を血だらけにして挨拶していたのです。

ちなみに「朝鮮」という国名ですが、高麗《こうらい》を倒して王位に就いた李成桂《イソンゲ》が国号変更を考え、「朝が静かな国」という意味の「朝鮮」と、「平和の国」という意味の「和寧」の二つを候補にして、明《みん》の皇帝に選んでもらったところ、「朝鮮」が選ばれたということです。国の名前を自らつけることができないというのも情けない状況ではありますが、実はこの時、中国が「朝鮮」を選んだのは、「貢物（朝）が少ない（鮮）」という意味で選んだとも言われています。

余談ですが、毎年各地から選りすぐりの美女三千人も中国に送り続けたことによって、朝鮮半島には美しい女性がいなくなってしまったという俗説があります。

日本が朝鮮に主権を与えた

少し長い説明になりましたが、李氏朝鮮は中国の属国であり、主権国家ではなかったということがわかっていただけたと思います。

さて、ここで日韓併合前の話になりますが、当時は列強による「弱肉強食の世界」でした。とはいえ、実質はヨーロッパ列強によるアジアとアフリカ諸国への侵略です。

アジアでは、他の国々が次々に植民地にされていく中で、かろうじて中国と日本だけが侵略を免れ、独立国家としてヨーロッパに対抗していました。

この情勢下で、日本にとっての朝鮮半島は、大陸から突き付けられたナイフのような存在でした。もしここをどこかの強国に奪われたなら、国防上の大きな危機となります。そのために日本は朝鮮を中国の属国から独立させ、日本のように近代化して富国強兵国家にしようと考えました。要するに、朝鮮を強い国にして、日本の防波堤にしようという都合のいいことを考えたわけです。

同じ頃、朝鮮国内でも、近代化を進めようとするグループが生まれていました。しかし王族の間で権力争いが起こったり、また清が朝鮮に対する圧力を強めたりと、このあたりの経緯は非常にややこしく、短い文章ではとても書けません。

結論から言うと、一八九五年に日本は朝鮮を独立させるために清と戦って勝利します。清と結んだ下関条約の第一条が「朝鮮の独立を清に認めさせる」というもので、ここに朝鮮史上初めて近代国際法に基づく独立主権国家が誕生します。李氏朝鮮は「大韓帝国」と名乗り、清国に対する貢献・臣下の典礼の義務などから解放されました。つまり朝鮮に主権を与えたのは日本だったのです。もっとも、これも朝鮮人に頼まれてしたことではないので、有難迷惑の一つであったかもしれません。

この時、大韓帝国は屈辱の象徴であった迎恩門（前記の「三跪九叩頭の礼」をする門）を壊して、代わりに「独立門」を建てました。ところが不思議なことに、現代の韓国では、これを「日本からの独立」を記念して建てられた門だと誤解している人が少なくないということです。なぜなのかはわかりません。

ところで、大韓帝国はせっかく独立を果たしたものの、近代化や工業化は遅々として進まず、経済政策の失敗などで、逆に国が混乱するばかりでした。さらに日本にとって困ったことに、大韓帝国が今度はロシアに接近していったのです。千年以上も事《じ》大《だい》主義（支配的な勢力に迎合して保身を図る姿勢）を続けてきた朝鮮にとって、慣れない独立は居心地が悪く、ロシアが清に代わる宗主国と見えたのでしょう。当時は日本よりもロシアのほうがはるかに強大な国でした。不凍港が欲しかったロシアにとっても、これは願ってもないことで、朝鮮半島にじわじわと侵入し、勢力を伸ばしました。

朝鮮半島がロシアの支配下におかれれば、日本の安全保障の見地からは極めて危険な状況となります。そしてついにロシアと日本が戦争となりました（日露戦争）。つまりこれも結局は朝鮮半島を巡って起きた戦争なのです。もし朝鮮がロシアに接近しなければ、日露戦争は起こらなかった可能性が高いと言われています。

日露戦争は欧米諸国の予想を覆《くつがえ》して、日本側の勝利に終わりました。そして戦争終了後の一九〇五年、日本は国際社会の承認を得て、大韓帝国を保護国にします。

ところで、日清戦争前に、漢城を占領していた清軍を駆逐したのは日本軍であり、日露戦争前に朝鮮に進出したロシア軍を撃退したのも日本軍でした。一八六六年の丙《へい》寅洋擾《いんようじょう》と一八七一年の辛未《しんみ》洋擾の小競り合いはあったものの、朝鮮人は自国を守るために外国とは戦わなかったのです。だからこそ、諸外国は日本が大韓帝国を保護国と

迎恩門　（『映像が語る日韓併合史』）

京城独立門
（『日本地理風俗史大系 16 朝鮮（上）』）

することを認めたのです。

日本政府は大韓帝国に統監府を置きますが、最初は朝鮮を併合する意思はありませんでした。あくまで独立国として、日本の防波堤としてあってほしいという思惑でした。しかし近代化がまるで進まないどうしようもない朝鮮を見て、次第に併合論が高まります。そして一九〇九年、併合に反対していた初代統監の伊藤博文《ひろぶみ》が朝鮮人テロリストに暗殺されて、一気に併合へ舵《かじ》が切られました。

朝鮮人の中にも併合を歓迎する機運が高まっていました。そして一九一〇年、両国政府の合意のもと、日本は大韓帝国を併合したのです。これは武力を伴ったものではありません。繰り返しますが、朝鮮政府も望んだものです。

もちろん朝鮮人の中にも反対派はいましたが、どんな政策にも反対派はいます。一部の反対派がいたからという理由で、この併合が朝鮮人の意に反して行なわれたとは言えません。繰り返しますが、併合は朝鮮政府が望んだものだったのです。つまり朝鮮は自ら「主権」を放棄したとも言えます。

この時、列強の国々のどこからも反対の声は上がりませんでした。むしろ好意的に承認したのです。それでも生真面目《きまじめ》な日本は、列強諸国に外交官を派遣し丁寧に説明させています。

日韓併合はどこから見ても合法であり、国際的に歓迎されたことだったのです。それを百年以上も経ってから、「主権を奪われた」と言われても困るというのが実際のところです。


これは歴史のイフですが、もし日本が朝鮮を併合していなければ、朝鮮はロシアの植民地になっていたでしょう。となれば、後に起こったかもしれない日露戦争が、日本にとって極めて厳しい戦いとなっていたことは間違いありません。しかしそんな仮定は無意味です。歴史をやり直すことはできないからです。

ここで私が強く述べたいのは、「日本は決して朝鮮の主権を奪ってはいない」ということです。繰り返しますが、朝鮮史上、初めて主権を与えたと言ってもよいのです。後に、併合で、それを取り上げる形とはなりましたが、これも決して力ずくで取り上げたわけではありませんでした。

したがって今日の韓国人が「主権を奪った」と主張するのは、大いなる勘違いと言わざるを得ません。

「王を奪った」という勘違い

李王朝に敬意を払った日本

これもやはり勘違いと言わざるを得ません。

併合後、日本は李王朝に対して大いに敬意を払い、大韓帝国皇帝であった純宗《スンジョン》を李王として皇族に準ずる身分を与えました。ちなみに李氏朝鮮時代、李朝国王は単なる「王」でしたが、日清戦争後に独立が認められて初めて「皇帝」を名乗ることができたのです。

純宗は「殿下」と呼ばれ、二代目李王となった李垠《りぎん》は日本の皇族出身である梨本宮《なしもとのみや》方子《まさこ》さまを妻としました。この時、方子さまは「日本と朝鮮の架け橋になるのが自分の責務」と考え、祖国を離れて暮らす李垠を生涯支えました。李垠は陸軍士官学校を卒業後、大日本帝国陸軍に入り、後に中将になっています。

このように日本は王家を手厚く遇したのです。もし日本がそうしなければ、李王一族は民衆の手によって、虐殺された可能性が高いと言われています。というのも李朝は長年にわたって民衆から搾取し、また苛烈《かれつ》な政策で民衆の恨みを買っていたからです。

このような「権力者に恨みを晴らす」という朝鮮人の性格は、戦後になっても引き継がれています。

一九四八年に大韓民国が成立してから二〇一七年まで、韓国には十一人の大統領が誕生していますが、その末路を見てみましょう。

初代　李承晩《イスンマン》　ハワイに亡命
二代　尹潽善《ユンボソン》　懲役三年の実刑判決
三代　朴正熙《パクチヨンヒ》　暗殺
四代　崔圭夏《チエギユハ》　クーデターにより八カ月で辞任
五代　全斗煥《チヨンドウファン》　死刑判決（後に恩赦）
六代　盧泰愚《ノテウ》　懲役十七年の判決（後に恩赦）
七代　金泳三《キムヨンサム》　次男が収賄《しゆうわい》と脱税で逮捕

八代　金大中《キムデジュン》　三人の息子全員が収賄で逮捕
九代　盧武鉉《ノムヒョン》　逮捕直前に自殺
十代　李明博《イミョンバク》　背任、職権濫用《らんよう》の容疑で告発（実兄も斡旋《あっせん》収賄罪で実刑判決）
十一代　朴槿惠《パククネ》　弾劾《だんがい》の後、逮捕　懲役二十五年の実刑

驚くべきことに、過去十一人の大統領の九人までが任期中、あるいは辞めた後に悲惨な目に遭っています。任期を全うし、辞めた後も告発されなかったのは、七代の金泳三と八代の金大中だけですが、金泳三は次男が収賄と脱税で逮捕されていますし、金大中も三人の息子全員が収賄で逮捕されています。その意味では、無傷だった大統領は一人もいないと言えるでしょう。韓国では、一度権力から滑り落ちた者は徹底的に叩かれるという伝統があるようです。おそらく李王朝も日本政府が保護しなければ、悲惨な末路が待っていたことでしょう。

李垠は終戦後に韓国に戻ろうとしましたが、初代大統領の李承晩から帰国を拒否されています。彼が韓国に戻れたのは、十八年後の一九六三年です。李垠と共に韓国に渡った方子さまは、夫の死後（一九七〇年）も韓国で福祉活動に生涯を捧げ、一九八

九年に亡くなられています。

たしかに日本は政治的には李王朝からその権限を奪いました。ただ、それは併合後の治世として仕方ないことだったのです。

他国では、ある国を自国に組み入れた時には、王を処刑したり、あるいは幽閉したりすることが当たり前でした。しかし日本は純宗を皇族に準ずる身分として迎え入れたのです。イギリスやオランダやスペインやフランスが、植民地としたり征服したりした国の王子に、王族の娘を娶《めと》らせたケースが一つでもあったでしょうか。たとえばイギリスはムガール帝国を滅ぼすと、王族を殺し、ビルマを支配すると、王族を追放して悲惨な境遇におとしめました。フランスはベトナムを支配すると、ベトナム皇帝をアルジェリアに流しましたし、アメリカはハワイを併合すると、女王を

李垠と梨本宮方子さま
（『週刊20世紀　皇室の100年』）

幽閉しました。これらのケースと比べると、日本が李王朝をいかに大切に扱ったのかがわかるでしょう。

それに韓国人が本当に王朝を望んでいたのなら、李垠が帰国した時にどうして、彼を王の座に就けなかったのでしょうか。日本やイギリスのように象徴的国王とすればよかったのです。実際、ブルガリアやスペインなど、革命でいったん国を追われた国王が政界に復帰した例はいくつもあります。その機会はいくらでもあったにもかかわらず、それをしなかったのは韓国人自身です。

「人命を奪った」という勘違い

「義兵運動」と「三・一独立運動」

この問題は少し解釈が難しいところです。

韓国が「人命を奪った」と主張するのは、併合前の一九〇七年から一九一〇年にかけての「義兵運動」による死者と、一九一九年に起こった「三・一独立運動」による死者のことです。

まず「義兵運動」から話しますと、当時、朝鮮は日本の保護国で、半島には日本の軍隊が駐留していました。また日本が漢城に設置した統監府には軍の指揮権限がありました。これらに不満を持った朝鮮の軍隊や民衆が、日本軍に対して行なった抵抗運動が「義兵運動」と呼ばれるものです。

日本軍は朝鮮各地で義兵と戦い、制圧しましたが、この抵抗運動で約一万八千人の朝鮮人が命を落としたと言われています。ただし、これは併合前の事件であり、その

三・一運動で万歳を叫ぶ
（『日本地理風俗史大系 16 朝鮮（上）』）

意味では日本と大韓帝国の間に起こった一種の事変と捉えることもできます。

韓国が日本を強く非難するのは、一九一九年三月一日に起こった「三・一独立運動」による死者です。

「三・一独立運動」は、高宗《コジョン》（大韓帝国初代皇帝、併合後は大日本帝国の王族として徳寿宮李《とくじゅきゅうり》太王《たいおう》と称されました）の死がきっかけとなって起こった独立運動だとされています。最初のうちはソウルを中心に「友好を求める」平和的なデモでしたが、日本と朝鮮の分裂を狙う欧米の宣教師に煽《あお》られた朝鮮人キリスト教徒たちが暴徒化しました。その波は地方都市や農村に広がり、武装した農民が各地で、村役場、警察署、富裕地主、商店などを襲い、放火、投石、破壊、略奪を行ないました。中には日本人が惨殺されたケースもありました。これらはまさしくテロと呼べるもので、広く一般大衆から支持されたものではありませんでした。

日本はこれらの暴徒を鎮圧しましたが、その際、朝鮮人が五百人余り亡くなっています（人数については諸説あり）。

本当に独立運動だったのか

韓国では「三・一独立運動」を、「朝鮮の民衆が日帝に反旗を翻《ひるがえ》した偉大な独立運動」と位置づけ、例年、三月一日を国民の記念日（三一節）にして、毎年、国を挙げて大々的な行事を行なっていましたが、二〇一九年は百周年ということで、おそらくこの本が書店に並んでいる頃は、大騒ぎしている様子がニュースになっていることでしょう。

しかし、これがはたして本当に「独立運動」であったのかは甚《はなは》だ疑問の残るところです。というのも、初期のデモは別にすると、後の暴動は単なる騒擾《そうじょう》事件と呼ぶべきものだったからです。

総督府当局によって逮捕された暴徒は一万二千六百六十八人でしたが、有罪判決を受けたのは三千九百六十七人でした。そのほとんどが軽い刑で、死刑や懲役十五年以上の判決を受けた者は一人もいません。懲役三年以上の刑を受けた者がわずかに八十人です。もし本気で総督府の転覆を狙った抵抗運動だったなら、こんな刑ではすまなかったはずです。

もしこれが欧米諸国を相手にした独立運動だったならば大変なことになったでしょう。たとえば一九六二年に、アルジェリアが独立しようと立ち上がったとき、フランスは大量のアルジェリア人を虐殺しました。パリ市内で独立を訴えるデモ行進をしたアルジェリア人でさえ、少なくとも二百人がフランス人治安部隊に殺されたといいます。もし朝鮮を支配していたのがフランスなら首謀者は全員死刑だったでしょう。

余談ですが、フランスは今もこの件についてアルジェリアに一切謝罪していません。「悔恨は個人がすべきもので、国家がすべきものではない」というのがフランス政府の見解です。

話を「三・一独立運動」に戻しましょう。この運動の代表者三十三人の一人、朴熙道《パクヒド》は後に「近代化のためには朝鮮語を全廃すべし」と総督府に申し入れています。また「三・一独立宣言」を起草した崔南善《チエナムソン》は二年六カ月の懲役刑をうけましたが、後に満州建国大学の教授になっています。そして大東亜戦争を「英米の桎梏《しっこく》に泣く、東亜十数億大衆の祈願であり、真に万邦共栄の世界秩序を確立する、アジアの解放戦争」と言っています。不思議なことに、彼は戦後、韓国政府から、反民族行為処罰法によって処罰されています。

首謀者たちのその後を見る限り、初期の運動さえ、はたして本気で日本からの独立を目指したものかと考えると、到底そうは思えません。後期の騒擾は言わずもがなです。韓国の作家兼評論家の金完燮《キムワンソプ》も、綿密な研究の結果、「独立運動ではなく暴動であった」と言っています。

つまり「三・一独立運動」を民族抵抗運動と捉《とら》えるか、単なる暴動と捉えるかで、犠牲者の位置づけが大きく異なります。私は歴史家ではないので、ここでその判断を下すことは難しいのですが、一つ言えることは、もし日本がこれらの暴徒を鎮圧しなければ、朝鮮半島が大混乱状態に陥ったであろうことは容易に想像がつくということです。そして最悪の場合、とてつもない数の死傷者が出たことでしょう。

「言葉を奪った」という勘違い

日本は言葉を与えた

韓国が主張する「七奪」の中には、「国語を奪った」というものがあります。既に第一章で述べましたが、これも勘違いです。

前述したように、総督府は実質的に文字を持たなかった民衆に、ハングルを教育し、普及させました。余談ですが、李朝末のハングルは文字が統一されていませんでした。そこで総督府は「諺文綴字研究会《おんもんていじ》」を作り、「普通学校用諺文綴字法」を決定して教科書に採用しています。これが現在使われているハングルとなりました。また総督府は朝鮮の標準語を定めて普通学校で広め、それが今日の標準韓国語となりました。本格的な朝鮮語辞典も総督府によって初めて刊行されました。さらに言えば、現代の韓国語の近代用語に関する言葉はほぼ一〇〇パーセント近くが日本語由来の言葉です。

つまり日本は朝鮮の国語を「奪う」ことはせず、むしろ「与えた」のです。もちろん、

小学校の授業でハングルが使われている　（『日本植民地史１　朝鮮』）

これは朝鮮人が望んだことではないので、恩着せがましく言うことはできません。

しかし「奪った」という勘違いは見過ごすことはできません。

実は併合時代、朝鮮の知識人の中には「朝鮮語の廃止」を唱える人も少なくありませんでした。その中の一人、国民精神総動員朝鮮連盟の常務理事であった玄永燮《ヒョンヨンチョル》は、南次郎総督に会い、朝鮮語の全廃を提案しましたが、南総督は、「朝鮮語を廃止するのはよくない」と言って拒否しています。

一九四一年に、学校での朝鮮語授業が廃止されたことを「言葉を奪った」という根拠にしているようですが、この年には大東亜戦争が始まり、朝鮮の人々もオールジャパンの一員として国難を乗り切ろうというムードが高まりました。このとき学校制度が日本国内と同じになったことは、当時の朝鮮の人々にとっては自然なことでもありました。何しろ翌一九四二年には兵隊適齢期の男子の大部分が日本軍に志願し、その競争率はなんと六十二倍にもなっているのです。またあくまで学校の授業からなくなっただけで、朝鮮語の使用が禁止されたわけではありません。総督府の文書には、「朝鮮語の禁止」を命じたものは一切ありません。

ところで前述したように、近年になって、韓国は漢字をほとんど追放しました。新聞や雑誌もすべてハングルです。これは日本語で言えば、すべてひらがなの文章ということで、私たちの感覚からすれば、とても読みにくいと感じるものです。特に厄介なのは、同音異義語が多いことです。たとえば「キ」と発音する漢字は、「己、奇、機、記、紀、寄、気、基、旗、期、器、騎、欺、豈、技、其、起、企、祈、棄、畿、飢……」いくらでもあります。日本語で「キ」と発音する漢字はほとんどが韓国語でも「キ」ですから、ハングルで書かれただけでは、すぐに意味が読み取れないことが多いのです。たとえば「防火」も「放火」もハングルで書けば、同じ「バンファ」です。

韓国出身の拓殖大学教授の呉善花《オソンファ》氏の著書『韓国　倫理崩壊1998―2008』（三交社）によると、韓国語文教研究会による一般人四十名を対象とした調査で、「竪《たて》穴《あな》式石室発掘」および「高速道路 慶州《キョンジュ》駅舎予定地」をハングルで書いてまともに読めるひとは一人もいなかったそうです。中には前者を「人を殺してその血を墓の中に入れること」と答えた者もおり、後者を「慶州にある歴史遺物を一か所に集めて保管する予定地」と答えた者がいるなど、いずれの理解も奇想天外なものばかりだったといいます。これでは文章や言葉の意味の誤解が多々生じ、論理的思考にも支障を来たすことになります。

当然、漢字由来の熟語が多く出てくる社会学や人文科学系の本は読まれにくくなります。実際に韓国ではそうした本はあまり出版されず、難しい熟語などが出てこない軽い小説のような本ばかり出されているそうです。多くの大学教授が、漢字が多用されている古い文献や恩師が書いた論文を読めないと言われています。韓国人が歴史を捏造《ねつぞう》するのも、もしかしたらそのあたりが原因の一つかもしれません。

こんなことになってしまったのも、私たちの父祖がハングルを普及させてしまったからです。奪ったのではなく、与えすぎたからなのです。

もしかしたら李氏朝鮮時代の両班は、こうなることを恐れてハングルを劣等文字として普及させなかったのかもしれません。つくづく日本は罪作りなことをしたものです。

「名前を奪った」という勘違い

日本は名前を与えた

韓国は、併合時代に「日本が名前を奪った」とも主張しています。これも大きな誤りの一つです。

第二章の「伝統文化の破壊」のところでも述べましたが、併合前の朝鮮には姓がない人々がかなりいました（白丁《ペクチョン》や奴婢《ぬひ》など）。日本は新しく戸籍を作り、彼らに姓を与えました。韓国人が主張する「名前を奪った」のではなく、「名前を与えた」のです。

この時、総督府は女性にも名前を与えました。というのも、それまで朝鮮では女性は名前を持たなかったようなのです。併合前の朝鮮半島を訪れた何人もの人々が「朝鮮人女性に名前がない」と書いています。もちろん幼名や通称はあったでしょうが、それは正当な名前ではなく、戸籍にも書かれませんでした。しかもその名前も生まれた月をそのまま名前にしてしまうケースが多かったのです。四月生まれなら「サウォル」、五月生まれなら「オウォル」といった具合です。成人してから他人からどう呼ばれたかと言えば、「○○の妻」「○○の娘」「○○の母」という具合です。

有名な閔妃《ミンビ》にしても、閔氏の妃《きさき》という意味で、正式な名前ではありません。幼名はわかっていますが、成人してからの名前は不詳です。朝鮮の女性は伝統的に戸籍に載せる名前はなく、歴史上にも名前は残っていません。前記の李朝時代の女医「チャングム」は極めて例外的な存在です。

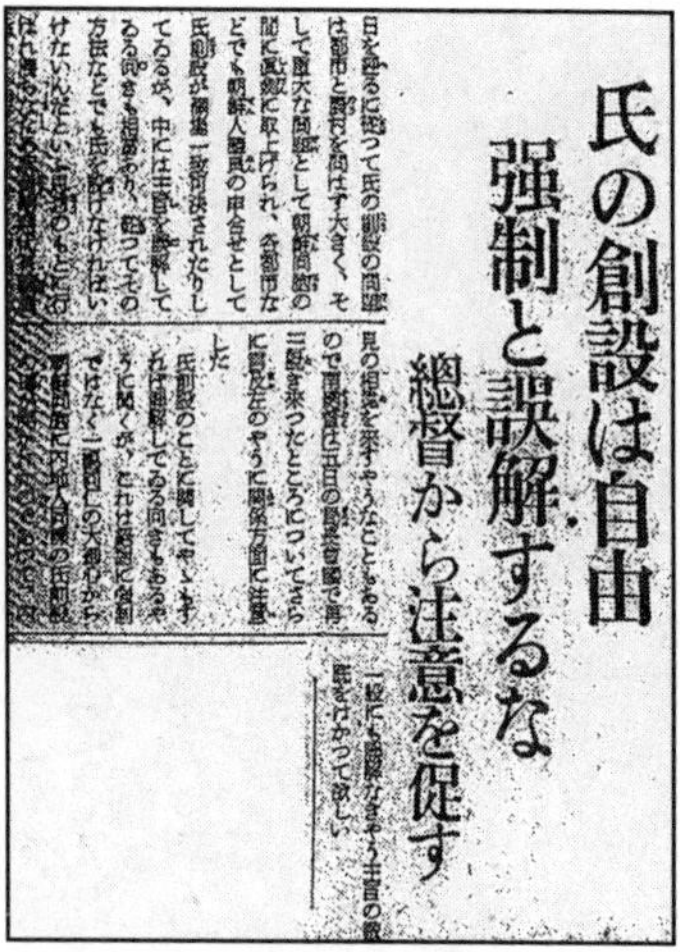
氏の創設は自由
強制と誤解するな
總督から注意を促す

1940年3月6日付「朝日新聞　朝鮮版」

ところで、このときまで姓がなかった人たちの多くが、新たに登録する際に両班《ヤンバン》に多かった名前にしたため、現在の韓国人の姓は「金」「朴」「李」の三つが四五パーセントを占めるということになってしまいました。なお、現代の韓国人にルーツを尋ねると、九九パーセントの人が「我が家は昔、両班であった」と答えるそうです。

日本名への変更は認めなかった

韓国人は、「いや、自分たちが言っているのは、そういう問題ではない。朝鮮の名前を日本風に変えさせられたことだ」と主張します。

しかしその事実はありません。むしろその逆だと言ったほうがいいかもしれません。総督府は朝鮮人に対し、日本風の名前を名乗ることを禁じていたのです。これは台湾に対しても同じです。しかし日本名を名乗って、日本人のふりをしたほうが有利と考える朝鮮人が少なくなく、総督府が何度禁止令を出しても、日本名を名乗る朝鮮人が後を絶ちませんでした。当時の朝鮮の新聞には、総督府が「日本名を名乗ることを禁じる」という記事がいくつも見つかります。

洪思翊陸軍中将と家族
（『日本地理風俗史大系 16 朝鮮（上）』）

それでも日本本土に渡った朝鮮人や、中国や満州で商売する朝鮮人の多くは日本名を名乗って日本人のふりをしました。中には裁判所の許可を得て、正式に日本風の名前に変えた人もいます。

朝鮮名で活躍した人たち

もちろん、すべての朝鮮人がそうしたわけではありません。日本社会の中にあっても、堂々と朝鮮人の名前を名乗った人も大勢います。たとえば日本の陸軍士官学校を出て陸軍に入り、中将にまでなった洪思翊（当時の読み方は「ほんしよく」）がいます。洪は士官学校でも陸軍でもずっと朝鮮名を名乗っていましたが、そのことで迫害や差別的待遇を受けることはありませんでした。優秀な彼は陸軍でもどんどん出世し、ついには中将（大将の次の位）の位にまでつきました。もちろん部下の日本人は彼の命令のもとに動くことになります。

イギリスは多くの植民地を持っていましたが、インド人やアボリジニー（オーストラリアの先住民）やマレー人が大英帝国の士官学校に入学することなどはできませんでした。ましてや軍隊に入って上官となり、イギリス人に命令を下すなど有り得ないことでした。このこと一つをとっても、当時の日本が朝鮮人を不当に扱ったわけではないことが明らかですし、日本名への強制などなかったこともわかります。

ところで、洪中将は戦後、捕虜収容所長時代に食糧不足から捕虜に十分給養できなかった責任を問われ、連合国軍によって処刑されています。洪は他人の弁護は積極的に行ないましたが、自らの容疑に対しては一切の弁解をせず、沈黙を貫きました。まさにサムライの心を持った軍人でした。

余談ですが、戦後、韓国は亡くなった洪を親日派として糾弾しました。そして早稲

ベルリンオリンピック・表彰台にのぼる孫基禎

日の丸が黒く塗りつぶされた東亜日報の記事
（1936年8月25日）

田大学を出て朝鮮銀行に勤務していた洪の長男は、李承晩大統領の命令によって辞職させられています。また東京女子高等師範学校（現・お茶の水女子大学）を出ていた洪未亡人も、韓国に帰国した後は一切の職業から追放されました。

洪思翊中将以外にも朝鮮名で活躍した軍人はいます。満州国建国に関わり満州国共和会にも参加した白洪錫陸軍中佐、帝国軍人に対する最高の栄誉である金鵄勲章《きんしくんしょう》を授与された金錫源陸軍大佐もそうです。彼らはいずれも朝鮮名のまま、日本の軍隊で昇級していきました。

朝鮮名のまま日本の国会議員になった人もいます。衆議院議員の朴春琴、同じく貴族院の朝鮮勅任《ちょくにん》議員となった韓相龍がそうです。「勅任」とは天皇陛下から任命されたことを意味します。

スポーツの世界でも、一九三六年のベルリン・オリンピックにおいて、マラソンで金メダルを獲得した孫基禎（当時の読み方は「そんきてい」）が朝鮮名のまま五輪出場しています。これなども日本政府が日本名を強制していなかったことの傍証となるでしょう。

日本人も誤解している「創氏改名」

韓国人が「名前を奪われた」と勘違いしているのは、「創氏改名」のせいではないかと思います。

「創氏改名」は一九四〇年に総督府が制定した法律で、これにより朝鮮人の戸籍を新しく作り直しました。この時、日本風の名前に強制的に変えさせられたという誤解があるようです。「創氏改名」については、日本人も誤解している人がかなりいます。

まず「創氏」について説明しましょう。

欧米や日本では、結婚すると同じ姓になって家族で「姓」を統一します。しかし儒教思想の強い朝鮮では、子孫は先祖の姓を引き継ぐので、姓の違う者同士が結婚しても同じ姓にはなりません。これは中国も同じです。

総督府は、これでは戸籍を作るのにややこしいと、家族は同じ苗字《みょうじ》を持つということにしたのです。これが「氏」で、家族名を表すものです。つまり「氏」を新しく創るから「創氏」なのです。「創氏」以前は、朝鮮では家としての名はありませんでした。

三世代家族だったりすると、一つの家に違う姓の人が何人もいるということになります。

というわけで、総督府は一九四〇年から、朝鮮人に新たにファミリーネームとしての「氏」を戸籍に登録させました。これが「創氏」です。しかし元の「姓」はそのまま戸籍に残されました。つまり名前は奪っていません。

「改名」の実態

次に「改名」について説明しましょう。

さきほど総督府は一九四〇年から半年間の期間を設けて、朝鮮人に「氏」を届け出させたと言いましたが、この時、同時に改名も認めたのです。

もともと「創氏改名」は、多くの朝鮮人が日本名に改名したいという要望が多かったために為《な》されたという側面があります。その結果、届け出した朝鮮人の八割が「氏」として日本名を登録しました。

現代の韓国人は、このことを、改名を強制されたと勘違いしているようです。しかし繰り返しますが、その事実はありません。八割の朝鮮人が「氏」を日本名にしたということは、二割の人がそのまま朝鮮名で届けたということです。もし日本名への強制があったなら、二割の朝鮮名は許されないはずです。
しかも届け出の期間は半年間で、それを過ぎると自動的に家長の姓（ほとんどが男性の姓）を「氏」に充当ということになっていました。つまり届け出がなければ朝鮮名がそのまま氏になるということで、日本名への改名はされていません。

私が唖然《あぜん》とするのは、届け出をした朝鮮人の八割もが日本名を「氏」に選んだということです。

戦後、在日韓国・朝鮮人はほぼ一〇〇パーセント、日本名（通名）を名乗っていました。たしかに日本では圧倒的少数派の在日の人たちは日本人のふりをしたほうが様々な点で有利でしょう。しかし朝鮮半島で、しかも住民のほとんどが朝鮮人であるにもかかわらず、八割の人が日本名を名乗るということに、驚きを禁じ得ません。

その昔、朝鮮の人々の名前は現代とはまったく違うものでした。ところがモンゴル人が高麗《こうらい》を征服すると、彼らはこぞってモンゴル人風の名前に改名し、文字もモンゴル文字を使いました。そして明帝国がモンゴル人を追い払って、朝鮮半島の新しい盟主となると、朝鮮人たちは名前を中国風に変え（一文字姓）、漢字を使用しました。どうやら朝鮮人は伝統的に、強大な国の文化に靡《なび》くという面があるようです。

日本は反省すべき

一九四〇年当時、「改名」を自由にさせれば、彼らがこぞって日本名にするだろうことは容易に予測できたはずです。

にもかかわらず、朝鮮人の要望に応えて、安易に日本名を名乗れるようにしてしまったことが、何十年も経って大問題となったのです。そもそも家族の名前を持たない朝鮮人に、欧米や日本のようにファミリーネームを名乗らせる必要はなかったのです。これは明らかにその国の文化風習に対する不当な容喙《ようかい》です。

結論を言えば、「創氏改名」などしてはいけなかったのです。そして総督府は断固として朝鮮人に日本名を名乗らせてはいけなかったのです。そんなことをしたばかりに、勘違いした後世の韓国人が「名前を奪われた」と日本人を非難する羽目になったのです。つまり、すべては日本政府と総督府に責任があります。

ただし、これだけは繰り返し言っておく必要がありますが、日本人は朝鮮人の名前を一切奪ってなどいません。総督府がやった過ちは、朝鮮人に自由に名前を選ばせてしまったことなのです。

私の心配

ただ、ひとつ腑《ふ》に落ちないのは、日本にいる在日韓国・朝鮮人の中にも「朝鮮人は併合で名前を奪われた」と主張する人がいますが、そう言う彼らの多くが、なぜ今も本名を伏せて日本名を名乗り続けているのかということです。

彼らの多くは日本名を名乗り、日本人のふりをして生活しています。芸能人やタレントにも在日韓国・朝鮮人は数多くいますが、その多くは出自を明らかにしていません。かつては運転免許証の表側に「国籍」の項目がありましたが、朝鮮総連（在日本朝鮮人総連合会）や民団（在日本大韓民国民団）の抗議により、それらは見えないようにされました。

「かつて自分たちは名前を奪われた」と言うなら、今すぐにでも通名など捨てて本名を名乗ればいいと思うのですが、そうしない理由は何なのでしょう。そこには、かつて朝鮮半島で朝鮮人がこぞって日本名を名乗ったときと同じ理由があるような気がしてなりません。それ以外の理由があるなら教えてもらいたいものです。

実は私はあることを心配しています。

それは、遠い将来、在日韓国・朝鮮人が、「自分たち在日は日本政府に名前を奪われた」と言い出さないだろうかということです。なぜなら、昔、総督府が日本名を名乗ることを認めたように、現在の日本政府も在日の通名を認めているからです。

通名を認めているのは政府だけではありません。マスメディアもそうです。たとえば在日韓国人や朝鮮人が事件等を起こしても、NHKをはじめとするほとんどのテレビ局やほとんどの新聞が、彼らの本名を隠して通名を報道してきました。まるで彼らには朝鮮名はないかのような報道です。ニュースを見た人たちは、彼らを在日朝鮮人や韓国人とは思いません。私たちと同じ日本人だと思ってしまいます。

これでは、いつの日か、在日韓国・朝鮮人から「自分たちは日本人に名前を奪われた」と言われても、何も言い返せません。七十年以上前の日本人が戦後に非難されたように、現在の私たちも七十年後に非難されるような気がしてならないのです。

「土地を奪った」という勘違い

朝鮮人農民に土地を与えた

今日の韓国では、日本政府と総督府が朝鮮人の土地を奪った、と多くの人が言っていますが、これも韓国人の勘違いです。

併合以前の朝鮮は、両班が土地のほとんどを所有（私田）していました。政府は公の土地（公田）にして、そこから収穫できる米から徴税しようとしましたが、両班の反対にあってできませんでした。また本来、公田であったものが私田だとして略奪されたりもし、土地をめぐる紛争が絶えませんでした。地主不在の土地には、耕作民と所有者の間に、中間管理者のような存在が何層も入り、さらに土地の所有に関する文書（朝鮮では「文記」といいます）も偽造が横行し、まさに複雑怪奇な様相を呈していました。事実、国の収税機構も麻痺《まひ》した状態でした。

総督府はこれでは土地制度も租税制度も機能しないと考え、また農業基盤を整備するために、併合の翌年から「全国土地調査」を行ないました。総督府はまず朝鮮半島全土の田と畑の面積を調べました。これは途方もない作業でしたが、日本人は誠実にやりとげました。

すると、驚くべきことが明らかになりました。なんとそれまで約二七二万町歩とされていた田畑が、実際には約四八七万町歩もあったのです。つまり、脱税のために隠されていた土地が大量に見つかったというわけです（朝鮮語で「隠結」と言います）。もちろん、これらの土地には新たに税金が課せられましたから、当然ながら、両班たちは怒ります。それでこの土地調査に対して、「不服申立」が行なわれましたが、その数は二万一四八件にものぼりました。

実は常民（農民）の中にもこっそりと土地を持っていた人がいましたが、土地調査の趣旨に則《のっと》って正しく申告した常民には土地所有が認められました。つまり彼らは土地調査の恩恵を受け、正式に土地所有者になることができたというわけです。このとき、朝鮮半島の農民の半数が土地所有者になったといわれています。これは日本の戦後の農地改革に似ています。戦前は一部の大地主が大量の土地を所有し、多くの農民は小作農でしたが、GHQが地主の土地を小作農に分け与えたのです。

進む農業開発　（『日本地理風俗史大系 16 朝鮮（上）』）

総督府の「全国土地調査」は、その先取りだったとも言えます。長い間、自分の土地を持たず、支配階級の奴隷のごとく使われてきた朝鮮の農民たちは、日本の統治によって自分の土地を耕せる農民となれたのです。しかし、これは両班の目には、自分たちの土地であったはずのものを奪われたと映りました。

また、せっかく耕作地を手に入れる機会を与えられたにもかかわらず、無知ゆえに、あるいは怠惰《たいだ》のゆえに、申告期間を過ぎても耕作地の申告をしなかった常民は、逆に土地を失うこととなりました。それらの土地は所有者不明ということで、最終的に総督府の所有とされました。

今日、韓国が「日帝は朝鮮人の土地を奪った」という実態はこういうものです。

消費行動に走り、土地を失う

韓国人の中には次のような主張をする人もいます。

「日本人は農民から奪った土地を、東洋拓殖株式会社などに払い下げたり、朝鮮半島に入植した日本人に安く払い下げたりした」

何度も言うように、日本人は朝鮮農民から土地を奪ってはいません。その逆で、総督府は朝鮮人農民に土地を与えたのです。

しかしそれらの土地の多くが日本の企業や日本人入植者たちに売られたのは事実です。なぜそんな事態になったのでしょうか。実は、せっかく土地所有を認められた朝鮮農民の多くが、その土地を売ってしまったからです。

日本はどうせまた戦争をして負けるだろうから、今のうちに売ってしまったほうが得だと考えて、土地を売却する人が後を絶たなかったのです。また、それまで手に入れることができなかった高価な衣類や贅沢品《ぜいたくひん》を購入するために、土地を手放した人もいました。

東洋拓殖会社　（『日本地理風俗史大系 16 朝鮮（上）』）

朝鮮総督府　（『朝鮮博覧會記念寫眞帖』）

かつてアジアやアフリカの途上国の人々が、ヨーロッパ人の持ってきた日用品（しかしながら、発展途上国の人々にとっては、見たこともない品々）欲しさに、土地などを手放した歴史を彷彿《ほうふつ》させます。

刹那的《せつなてき》な消費行動に走って土地を失った朝鮮の農民たちは、いっそう貧しくなってしまったというわけです。

すべては総督府の責任

おそらく、こうしたこと（土地調査、土地申告、土地売買）が積み重なって、いつのまにか民族の記憶として、「自分たちは日本人に土地を奪われた」という意識になったものと思われます。しかしこれも、元はと言えば日本政府と総督府の責任です。総督府が「余計なお節介」さえしなければ、こんなことにはならなかったのです。

ただ、総督府に悪意があったとは思えません。日本人は貧しかった朝鮮半島にしっかりした農業基盤を整備しようと考えたのです。土地調査の結果、ダムや灌漑《かんがい》設備ができ、農作物の収穫は倍になり、その結果、前述したように、朝鮮の人口は倍に増え、平均寿命も倍に伸びました。

しかし、何度も繰り返しますが、これらは朝鮮人が望んだことではありません。もしかしたら、現在の韓国に「人口問題」という多大な「負の遺産」を残したのかもしれないのです。

こうして日本政府と総督府が朝鮮半島で行なってきた土地政策を見ると、つくづく愚かなことをしたものだと思います。何もしなければ、「土地を奪った」と非難されることもなかったでしょう。

今さらながら、朝鮮民族には深く謝罪しなければならないと思います。

「資源を奪った」という勘違い

戦後の発展に大いに寄与した

「資源を奪った」というのも韓国人の勘違いです。これも第一章で書きましたが、事実はまるきり逆です。

日本は朝鮮半島の山々に植林し、鉄道を敷き、道路を整備し、ダムを作り、港を作り、河川に橋を架け、道路を整備し、ビルや工場を建て、学校を作りました。奪うどころか、「莫大《ばくだい》な資産を提供した」というのが事実です。もちろん、すべて「余計なお節介」です。そのことは深く謝罪する必要があります。

ちなみに戦後、日本はこれらのインフラ資産をすべて放棄し、北朝鮮と韓国からは一円も受け取っていません。両国の戦後の発展にはこれが大いに寄与しましたが、インフラ投資はすべて日本が勝手にやったことなので、両国は日本に感謝する必要などありません。

ただ、「資源を奪った」という勘違いだけは、いい加減にやめてほしいと思います。

濡れ衣に近い

韓国は「日本が朝鮮から米を収奪した」とも言います。

たしかに当時の資料を見ると、朝鮮で生産された米の約半分が日本（内地）に渡っています。しかしこれは収奪ではありません。というのも、日韓併合時代は平均して、内地のほうが米の価格が三割ほど高かったため、朝鮮人は積極的に内地に米を輸出したのです。それにより、農民も地主も利益を上げました。

一見すると、朝鮮半島よりも経済的には上だった日本が、お金の力で朝鮮の米を買い上げたような図に見えるかもしれません。しかしいくらお金が欲しくても自分たちが食べる米まで売り渡したりするでしょうか。実際、輸出によって朝鮮人の食糧事情が悪化したということはありません。

繰り返し述べてきたように、日韓併合時代に朝鮮人の人口は倍近くに増えています。もし日本が朝鮮人が食べるはずの食糧を奪っていたなら、三十五年で人口が倍増することはありえません。したがって、「米を奪った」というのは、韓国人の勘違いです。

日本人の立場から言えば、濡れ衣に近いと言えます。

ただ、当時は日本も朝鮮も今のように豊かな国ではありませんでした。貧富の差もありました。そのため日本でも、飢饉の時などは、貧しい農家は娘を売ったりするということがありました。朝鮮でも同じことがあったと思います。そうしたことが「日本は米を奪った」という勘違いにつながった可能性はあります。

【付記】朝鮮人労働者の強制連行について

強制連行という嘘

在日韓国・朝鮮人の中には「自分たちの祖父や父は戦争中、日本軍によって強制連行されてきた」と主張する人がいます。日本人の中にも、これを信じている人が少なくありません。しかしこれは嘘です。あ、もとい、勘違いです。

たしかに日本は戦争中、「戦時徴用」として朝鮮人労働者を国内の工場などに派遣しました。ただし、その期間は一九四四年九月から六カ月間だけです。もちろんこれは強制連行ではありません。戦時徴用はそれ以前から日本の中学生や女子学生にも行なわれていたことです。しかも朝鮮人にはきっちりと正規の給料が払われていました（日本の中学生や女子学生にも給料が払われる規約がありましたが、現実には日本の学生の場合は多くが無償労働でした）。

ちなみに一九三九年の時点で日本内地にいた朝鮮人は約百万人でしたが、終戦までに約二百万人になりました。増えた約百万人のうち約七十万人は自由渡航と出生による増加で、残りの約三十万人が日本企業の募集に応じて渡来してきた人々で、国民徴用令によって動員された人はごくわずかです。これらは平成二十二年三月に行われた衆議院の外務委員会で、高市早苗氏が明らかにした数字です。

そして徴用工が送られたところは、当時としては労働環境の整った場所に限られ、留守家族に対しては収入減の分まで補償されていたのです。韓国が主張する強制連行の事実もなければ、奴隷労働もありません。

「外国人である朝鮮人を徴用したのはひどい」と言われるかもしれませんが、当時、朝鮮は日本であり、朝鮮人は法的には日本人だったのです。しかし朝鮮人には長らく徴兵は免除されていました。当時の日本の男性には、召集令状一枚で地獄の戦場に追いやられ、命を失った人が二百万人以上もいたのです（戦死者総数は約二三〇万人）。ところが、法的には同じ日本国民でありながら、朝鮮人は徴兵では一人も戦場には送られていません。

繰り返しますが、終戦前の七カ月間だけ、徴用工として働かされたのです。強制連行ではありません。そして戦後、彼らのほとんどは帰国しました。

マスコミの嘘

高市議員が質疑に用いた昭和三十五年二月・外務省発表集によると、当時、日本国内にいた在日韓国・朝鮮人は約六一万人、その全員に聞き取り調査を行なった結果、戦時徴用で国内にとどまっていた人はわずかに二四五人でした。これは全体の〇・〇五パーセント以下に過ぎません。つまり大多数の在日韓国・朝鮮人が「職を求めて」自由意志で日本にやって来た人たちだったのです（しかもその中にはかなりの数の密航者がいました）。

徴用令下の朝鮮　（『日本植民地史１　朝鮮』）

　仮に「戦時徴用」を「強制的に連れてこられた人」とみなしても（これはかなり無理のある考え方ですが）、〇・〇五パーセント以下の人を、九九・五パーセント以上の人と同格に並べて主張するのは間違っています。

前述のような国会質疑が行なわれたにもかかわらず、多くの日本のマスメディアではその後も公然と誤った発言が為されます。二〇一四年、NHKの報道番組『ニュースウオッチ9』で、在日韓国・朝鮮人をテーマにしたニュースの後に、大越健介キャスターが「在日コリアンの一世の方たちというのは、一九一〇年の韓国併合後に強制的に連れてこられ……」と発言しました。国民からの受信料で経営し、唯一の公共放送であるNHKをして、この有様です。

私は当時、NHKの経営委員でしたから、翌週の経営会議で、このことを理事に質《ただ》しました。しかし理事はこの発言をうやむやにしました。なお、この時の私の質問と理事の答えは議事録には載せられませんでした。

あらためて言いますが、現在、日本に住んでいる在日韓国・朝鮮人の祖先の九九・五パーセント以上の人は、自由意志で日本にやってきた人たちです。残りの〇・〇五パーセント以下の人も、「戦時徴用」であって、強制連行ではありません。

ですから在日韓国・朝鮮人の皆さん、それにマスメディアの皆さん、早く勘違いに気付いてください。

「徴用工裁判」

二〇一八年、韓国でいわゆる「徴用工裁判」なるものがありました。これは戦時徴用された朝鮮人が当時の雇用主である日本企業を訴えたもので、韓国の最高裁判所が日本企業に「賠償金を払え」という判決を下しました。後述しますが、日本の戦後補償は一九六五年の「日韓請求権協定」ですべて解決済みです。つまり今回の裁判は国際条約で解決したものを蒸し返すという無茶苦茶なものですが、実はもっと驚くべきことは、原告の韓国人は徴用工でもなかったのです。彼らは日本企業の募集に応じて自ら応募してきたただの労働者なのです。なぜこれが「徴用工裁判」となるのか、まったく意味不明ですが、これを悪くとってはいけません。彼らはもしかしたら漢字が読めないので「徴用」の意味がわからないのかもしれません。もちろん日本企業は一円も払う義務はありませんが、彼らを怒るよりも、優しく丁寧に真実を教えてあげることが大切です。

それよりも私が呆れるのは、この裁判がニュースになっている同じ時期、日本で就職を望む韓国人の学生のために日本企業が韓国で就職説明会を開いていたことです。

そもそも「徴用工」ではなかった！　（共同通信社）

そうして日本企業で就職した韓国人が四十年後、「自分たちは強制連行させられて働かされた」と、日本企業を訴えてこないだろうかということです。もちろんそうなった場合は、こんな時期に韓国人を雇って彼らを勘違いさせた日本企業の責任なので、金を払う羽目になることでしょう。

第四章 ウリジナルの不思議

近年、韓国は日本独自の文化や伝統に対して、「それらは朝鮮が発祥である」とか、「日本が朝鮮のものを盗んだ」と主張し始めています。しかもそれを世界に向けて発信しています。

もちろんまったく歴史的な資料や文献に基づかない、でっちあげです。ただ、願望のみで主張しているデタラメに過ぎません。こうした言動は「ウリジナル」とも呼ばれています。朝鮮語で「自分」のことを「ウリ」と言います。それと「オリジナル」という英語をくっつけてできた造語です。

しかしこれを私たちが笑ってはいけません。「ウリジナル」を主張する心の底には、朝鮮人の悲しいまでの劣等感があるからです。そしてそれを植え付けたのは、私たち日本人にほかなりません。

この章では、韓国が主張する「ウリジナル」を検証しつつ、私たちの罪を見つめていきたいと思います。

「日本文化のルーツは韓国だ」という錯覚

茶道は韓国が発祥

韓国人は日本の文化の多くを「韓国がルーツである」と主張しています。そのほとんどが韓国人の捏造《ねつぞう》です。いや、善良な韓国人が故意に捏造するとは思えません。おそらくは何かの勘違いが原因でしょう。

たとえば日本特有の文化である「茶道」も、韓国人は「朝鮮がルーツである」と言っています。韓国で最大部数を誇る新聞「朝鮮日報」は、「千年前の新羅《しらぎ》時代の礼法を日本がそのまま取り入れた」と堂々と書いていますし、「茶道の祖である千利休《せんのりきゅう》は朝鮮人である」とも主張しています。もちろん二つとも事実ではありません。

韓国の全羅南道《チョルラナムド》羅州郡《ナジュクン》に「茶道面《タドミョン》」という地名があることも、その証拠の一つだという説を唱える韓国人の学者もいます。しかしこの地名は併合後の一九一四年に「茶庄面」と「道川面」という二つの地が合併した際に一字ずつ取って付けたもので、「茶道」

とは無関係です。朝鮮の文献に「茶道」が初めて登場するのは十九世紀で、しかもそれは中国の茶書から引き写したものです。実は韓国に茶道を教えたのは日本人なのです。

日本の茶道は一朝一夕《いっちょういっせき》にできたものではなく、鎌倉時代からの古い歴史があります。室町時代に入ると、茶の産地を当てる「闘茶」が流行したり、茶器を珍重する風潮も生まれるなど、お茶の文化が次第に成熟していきました。そして十五世紀には村田珠光《じゅこう》が、茶を通じた精神的交流の重要性を説きました。珠光は「わび茶」の創始者と言われています。決して千利休が突然、茶道を編み出したわけではないのです。

朝鮮にはそんな歴史はありません。そもそも朝鮮には茶を飲む習慣がありませんでした。朝鮮半島は茶の栽培に適さなかったこともあり、長らくアジアで茶を飲む習慣がなかったのは朝鮮だけでした。朝鮮に昔から茶を飲む習慣があったという嘘を捏造したのは韓国に帰った在日韓国人であると、韓国出身の拓殖大学教授の呉善花《オソンファ》氏は指摘しています。

呆《あき》れるのは、韓国が「家元」まで作ってルーツを主張していることです。

華道も歌舞伎も韓国が発祥

似たところでは、「華道も韓国がルーツである」という主張もしています。もちろんこれも韓国人の勘違いです。

韓国人は、「朝鮮半島には昔から生け花の文化があり、それが百済《くだら》を通じて日本に伝わったが、併合時代に朝鮮の生け花文化は日本に消されてしまった」と主張しています。しかしこれは何の文献資料も考古学資料もありません。朝鮮には昔から花瓶がありませんでしたが、これは花を摘《つ》んで容器に入れるという風習がなかったからです。

花を摘んで部屋の中に飾る行為は世界中にありますが、日本は室町時代にそれを体系化しました。こういう文化は世界にはありません。そしてこれも茶道と同様に古い資料や文献が山のようにあります。

私は個人的には、「花を摘む」という行為は好きではなく、したがって生け花もあまり好きではありません。花は自然の中で咲いているものを楽しむのが一番であると思っているからです。古来の朝鮮にもそういう考え方があったようです。朝鮮には「モッ」という言葉があり、これは「自然のままに」という意味の言葉です。私は韓国人はむしろその精神を打ち出せばいいのにと、これまた余計なお節介にも思うのですが、どういうわけか、韓国人は、朝鮮にはなかった「生け花」文化の「華道」を自国が発祥だと主張します。これは私には、彼らが自らの文化を否定する行為のように見えてなりません。

「歌舞伎」もまた朝鮮がルーツだと韓国人が主張しているものです。

「朝鮮日報」は「歌舞伎のルーツは百済伎楽《ぎがく》である」と書き、世界に百済文化の素晴らしさを知らせるために、パリやロンドンなどで百済伎楽を披露する活動を続けています。

たしかに日本書紀には「百済人が日本に伎楽を教えた」という記述がありますが、この時に伝えられたのは中国の呉《ご》発祥の伎楽だと考えられています。しかしそれも鎌倉時代にはほとんど上演されなくなりました。したがってどんなものかもわかっていません。

日本の歌舞伎の元祖は「かぶき踊り」で一世を風靡《ふうび》した出雲阿国《いずものおくに》とされていますが、現代にも続く男性だけで演じる「野郎歌舞伎」になったのは一六五三年です。その後、江戸時代を通じて洗練されたものとなったため、文献も資料も、また台本も数多く残っています。

ところが世界のどの文献にも、朝鮮の文献にさえも、「百済伎楽」というものについて書かれたものがありません。要するに、はたしてほんとうにそんなものが存在したのかどうかもわからないのです。「百済伎楽伝承保存会」がパリやロンドンで行なった公演の中身は、現代の創作仮面劇でした。

「茶道」も「華道」も「歌舞伎」も、近年、世界が認めて注目した日本文化だから、韓国人が激しく嫉妬《しっと》して、「それは自分たちがルーツだ」という恥ずかしい主張をし始めている、と言う人がいます。たしかにそう見えないこともありません。しかし、それは韓国人を悪意ある人々と見過ぎていないでしょうか。私は韓国人がそれほどまでに悪意を持った嘘《うそ》つきだとは思いたくありません。

私は、日韓併合時代に朝鮮人がそれまで自分たちの世界にはなかった素晴らしい文化に触れ、それらが「自分の国の文化だったらいいなあ」と素直に思ったのだろうと考えています。幼稚園児が、友達の家で素敵なものを見ると、「それはうちにもある」と言い出すのに似ているような気がするのです。

まだまだある韓国ルーツの文化

韓国人が「本当は朝鮮がルーツだ」と主張しているものは他にも沢山あります。ざっと挙げると、「折り紙」「神社」「祇園祭」「ねぶた」「扇子」「錦鯉」「演歌」「花札」など、驚くほど多岐にわたっています。

食べものにしても朝鮮ルーツを主張するものは数多くあり、「寿司」「刺身」「しゃぶしゃぶ」「うどん」「味噌汁」「納豆」「醤油」「たくあん」「海苔《のり》」などです。まだまだありますが、キリがないのでこれくらいにしておきます。

食べ物の起源というのは文献も存在しないことが多いので、特定が非常に難しいのですが、韓国の主張はほとんどが何の根拠もないといえます。たとえば、朝鮮半島にはそもそも納豆菌を利用した食品自体が存在しませんでした。また韓国の醤油は日本が作った醸造設備を使って作ったのが始まりで、現在も韓国で使われている醤油の技術は日本発祥です。

韓国人のこうした主張を見ると、彼、彼女らは日本の食べ物がものすごく好きなんだろうなというのがわかります。あまりにも好きすぎて、思わず「自分たちが作った」

と言い出してしまったのでしょう。そんなことにいちいち目くじらを立ててはいけないと思います。

日本の名の付くものも韓国発祥

韓国人が「朝鮮がルーツだ」と主張するものの中には、驚いたことに「日本」の名の付いたものもあります。

たとえば「日本庭園」です。二〇〇九年、「忠清トゥディ」紙は社説に「忠清南道扶余《チュンチョンナムドプヨ》の薯童《ソドン》公園宮南池《グンナムジ》が日本庭園文化の源流であり、日本の飛鳥《あすか》文化を誕生させる決定的要因として作用した」と書きました。ほとんど妄言《もうげん》に近い文章です。一応、真面目《まじめ》に反論しておくと、五世紀前半代の奈良県巣山《すやま》古墳や、同時代の三重県の城之越《じょのこし》遺跡には、早くも日本独自の州浜形《すはまがた》池などの苑池《えんち》の要素が見られています。そもそも朝鮮半島には日本式の庭園などはありません。

日本の名を持つものとしては「日本刀」も韓国は朝鮮が発祥と言っています。韓国の刀剣職人たちは「日本は朝鮮から日本刀の技術を盗み出して伝承している」「朝鮮の刀剣技術は世界レベルだったが、豊臣秀吉が刀剣技術者を無差別に捕えて連れて行った」と主張しています。これも根も葉もない嘘です。秀吉が刀剣職人を連れて帰った史実はありません。それに日本刀（太刀《たち》）が生まれたのは、秀吉の時代をはるかに遡《さかのぼ》る平安時代です。しかも朝鮮半島の刀とは原料も製造方法もまったく違います。

面白いのは、前出の韓国の刀剣職人たちがこう言っていることです。

「日本には我が国が使った正統的技術がそのまま伝授されていて、今でも良い刀がたくさん出てきています。韓国刀の原型を取り戻すために日本に学びに行く」

もう何を言っているのかわかりません。

他にも「日本酒」や「和牛」も韓国がルーツと主張していますが、いずれも何の根拠もありません。

唖然とするのは、ソメイヨシノまで「朝鮮発祥の木だ」と言っていることです。今、韓国は官民一体となって、このフェイク情報を国内外に広めようと一所懸命に取り組んでいます。毎年、花見の季節になると、韓国の三大紙や聯合ニュースなどの主要メディアが一斉に報じるのです。政府系の韓国文化庁や韓国国立山林科学院も「ソメイヨシノは済州島《チェジュド》で自生していたのを日本人が盗んだ」と主張しています。

これを怒ってはいけません。併合時代に朝鮮半島にソメイヨシノを持ち込んで、日本の桜の美しさを朝鮮人に教えたのは日本人です。花見の習慣などなかった朝鮮人は桜を愛《め》でることをこのときに学びました。そして、その風習があまりにも深く根付いてしまったがゆえに、この風習も自分たちが昔から持っていたものと勘違いしてしまったのです。その結果、ソメイヨシノ自体も朝鮮のものであったと勘違いしたのです。

説明するまでもありませんが、ソメイヨシノは江戸時代末期に東京の染井の植木職人がエドヒガンとオオシマザクラを掛け合わせて作った人工の樹木です。交配種ですから、花は咲いても実を結ぶことはできません。ですから接ぎ木《つぎき》でないと増えていくことができず、自生するということはありません。つまり済州島に自生していたという主張は、ソメイヨシノのことを何も知らないということを暴露したようなものです。

でも、それを笑ってはいけません。韓国人はそれほどまでに日本の桜に惚《ほ》れ込んでしまったのです。

武道も韓国が発祥

韓国は日本独特の武道もその多くを「朝鮮が発祥だ」と主張しています。

たとえば「柔道」「相撲」「空手」「流鏑馬《やぶさめ》」「居合道」「合気道」などです。最近では

「侍《さむらい》」や「武士道」や「忍者」も「切腹」も韓国がルーツだと言い始めています。実は侍や日本刀や武士道は、かつて韓国では「野蛮な日帝の象徴」として長い間忌《い》み嫌われていましたが、近年、ハリウッド映画の『ラストサムライ』などがヒットして、侍が世界的な人気となった途端に、掌《てのひら》を返すごとく「朝鮮がルーツだ」と言い出しました。

実は前述の桜も以前は「日帝の象徴」として嫌われていましたが、毎年春にアメリカのタイダルベイスンで開かれる全米桜祭りのソメイヨシノがアメリカ人に人気だと知った途端に、朝鮮発祥と言い出したのです。つまり日本の文化が世界で人気を博すと、朝鮮起源説を唱え出すというパターンです。

と、ここまでは笑い話のようなものでしたが、近年、笑えないことが起こりました。それは「テコンドー」が「空手」のルーツだと世界的に認められてしまったことです。

韓国は以前から「テコンドーと空手の起源は朝鮮に昔からあるテッキョンである」と主張していました。そして「併合時代、テッキョンは日本政府によって抹殺されたが、近年、韓国がテコンドーとして復活させた」と言っていました。しかしこれは嘘です。

空手をパクったテコンドー　（AFP＝時事）

日本の空手は琉球から伝わったものです。そしてテコンドーは、戦前に日本に留学した崔泓熙《チェホンヒ》（日本名・西山雄石）が日本で学んだ松濤館《しょうとうかん》空手を元にして、そこに独自の工夫を加えて、一九五五年に作ったものです。つまりテコンドーは空手の「パクリ」なのです。

しかし韓国は前述の主張を世界に向けて繰り返しアピールし、これを国際的に認めてもらおうと、官民挙げて宣伝工作に努めました。その間、日本の空手界も政府もまったく反論しませんでした。あまりに馬鹿馬鹿しい主張に相手にする気も起こらなかったのかもしれません。

ところが、とんでもないことが起こりま

した。なんと、ＩＯＣ（国際オリンピック委員会）がテコンドーを韓国の伝統的な武道と認めてしまい、正式にオリンピック競技にしてしまったのです。

ＩＯＣの委員には空手について知っている人などほとんどいません。韓国が「朝鮮由来の武道だ」と言えば、そういうものかなと思ってしまったのでしょう。ＩＯＣも世界のスポーツ界の人々も、いやしくも国家がそんな大嘘を公然とつくなどとは思いもしなかったでしょうから。もちろん、これまで、そんなことをした国はどこにもありません。でも、韓国はそれを平気でやる国なのです。

しかし、これも見方を変えれば、日本が悪いとも言えます。世界に嘘を広めている韓国に対して、あるいは世界に対して、「韓国が主張していることは間違っています」とはっきり言わなかったことによる罪です。たとえ日本人にとっては当たり前のことでも、世界の人々は空手の歴史などは知りません。「空手のルーツはテッキョンだ」と韓国が主張し、日本がそれに反論しなければ、世界が韓国の言い分を認めてしまうのは、仕方がないことなのです。

そのせいで、世界では空手がテコンドーのパクリということになってしまいました。情けないのは、今や日本の空手家がテコンドーの選手としてオリンピックに出場する羽目に陥っていることです。

味を占めた韓国が次に狙うのは剣道

テコンドーを世界に認めさせた韓国が、次に狙っているのが剣道です。

韓国ではテコンドーに次いで人気のある武道が剣道です。

韓国最大の剣道団体である「大韓剣道會」や「世界剣道協會」は、公式サイトに「剣道は韓国が起源」と堂々と記載しています。そして正式名称は「剣道」ではなく「コムド」であると言っています。今、韓国はテコンドーの成功体験に味を占めて、これを世界に認めさせようとしています。もう何度も言ってきたので少々疲れてきていますが、これまた根も葉もない大嘘です。

剣道は併合時代に日本から朝鮮に伝わったものです。在韓ジャーナリストの竹嶋渉氏は韓国の主張に対して、「拡大解釈としか言いようがない。言ってみれば、これは日本の自衛隊の起源が種子島《たねがしま》に鉄砲を伝えたポルトガル人だと言っているようなものである」と言っています。剣道に限らず、韓国が「朝鮮が発祥だ」という主張はこの手のパターンがほとんどです。しかしながら、このまま手をこまねいていると、世界的には「剣道」は消えて「コムド」になる恐れが大です。

反省すべきは日本

ここまで韓国人による無茶苦茶な主張を述べてきましたが、この章の初めに書いたように、彼らを責めるべきではないと思っています。

実は韓国には誇るべき自国の文化がほとんどありませんでした。韓国にあった文化文物のほとんどは中国や他国のものでした。この本で何度も紹介するイザベラ・バードは『朝鮮紀行』でこう書いています。

「ソウルには芸術品はまったくなく、古代の遺跡はわずかしかないし、公園もなければ、コドゥン（筆者注・王の行列）というまれな例外をのぞいて、見るべき催し物も劇場もない。他の都会ならある魅力がソウルにはことごとく欠けている。古い都ではあるものの、旧跡も図書館も文献もなく……」（時岡敬子訳）

またこういう記述もあります。

「商店も概してみすぼらしいのは同じである。在庫品全部を買っても六ドル程度の店がたくさんある。（中略）安価な灯油ランプ、手鏡、安物くさい花瓶などといった外国製の不要品からいちばんくだらないものばかり選んできたような品々は、どれをとっても悪趣味のきわみとしかいいようがない」（同前）

かつて幕末から明治にかけて日本にやってきた西洋人は、日本独特の優れた文化に触れて大いに感動しています。日本人が反故《ほご》（ごみ）にしていたような浮世絵まで競って購《あがな》い、祖国に持ち帰りました。茶器を入れた茶箱に貼られた紙にまで美しい絵が描かれているのを見て唸《うな》ったほどです。ところが、李朝末期の朝鮮から西洋人がこぞって持ち帰ったものはほとんどありません。

悲しいことに朝鮮には独自の文化がほとんどなかったのです。唯一の食文化といってていいキムチでさえも、赤唐辛子は豊臣秀吉の朝鮮出兵の折に日本から入ってきたものと言われています。

日韓併合時代、優れた日本文化が次々に入ってくるのを見て、彼らはどれほど羨《うらや》ましく、また情けない思いをしたことだろうと考えると、胸が痛みます。日本人はよかれと思って、いろいろなものを朝鮮に与えましたが、朝鮮の人々の内心の屈辱感を想像した人がいたのでしょうか。

併合時代に日本人が朝鮮人に与えたものは数多くありますが、実はその一番大きなものは「劣等感」ではなかったかと思います。三十五年間にわたる併合時代に、朝鮮人は嫌というほどそれを刷り込まれたのではないでしょうか。このコンプレックスを跳ね返すためには、「優れた文化と思っていたものが、実は朝鮮が発祥だった」と思うしかなかったのかもしれません。それを思うと、あらためて日本の統治時代の過ちの大きさに慄然《りつぜん》とします。そして本当に、心から韓国に謝罪しなければならないと思うのです。

しかしながら、現代の韓国人のコンプレックスの晴らし方は正しいやり方ではありません。事実でないことを世界に訴えるのは間違っています。ですから、私たち日本人は勇気をもって、韓国人に「あなたたちは間違っている」と言わなければいけません。もちろん、その前には、深い劣等感を植え付けてしまったことを、誠意をもって謝罪しなければならないのは当然のことです。

最後にひとつ、韓国人が「朝鮮がルーツだ」という究極のものがあります。それは「日本（という国）は朝鮮人が作った」というものです。これを怒ってはいけません。そんなトンデモ説を吐くまで劣等感を植え付けた私たちこそ反省すべきなのです。

追記

韓国が「朝鮮が発祥である」と言っているものは、日本文化だけではありません。たとえば、『大朝鮮帝国史』には「黄河文明もメソポタミヤ文明も韓民族によって起こった」と書かれています。培材《ペジェ》大学の孫成泰《ソンソンテ》教授は、朝鮮民族が紀元前にベーリング海峡を渡って、アステカ文明とインカ文明を建設したと主張しています。世界最古の文明と言われるシュメール文明も韓民族が作ったと言う人もいます。面白いところではイギリス人の先祖も朝鮮民族だという説もあります。

世界史に登場するチンギス・ハーンやアッティラなどの傑物も実は朝鮮人であったと言います。唖然《あぜん》とするのは、孔子やキリストも朝鮮人であったという主張です。また世界的な発明も実は朝鮮人が初めてだという説も枚挙《まいきょ》に暇《いとま》がありません。

世界初の飛行機はライト兄弟ではなく、それよりも三百年も前に、朝鮮人が「飛車」という飛行機を飛ばしたと主張しています。韓国人によれば、「ロケット」も「紙」も「羅針盤《らしんばん》」も「印刷技術」も、実は朝鮮人が最初に発明したというのです。これらは素人《しろうと》が思い付きで言っていることではありません。韓国のれっきとした大学の教授らが様々な「文献」を引っ張り出して大真面目に主張していることなのです。

近年、「漢方」も朝鮮がルーツであるとして世界文化遺産に登録しようとし、中国医学界と論争を起こしています。極めつきは、「世界のあらゆる言語が朝鮮語を元にしてできた」という主張です。

ところが上には上があるもので、北朝鮮は「人類の起源は朝鮮人である」（黒い山葡萄原人説）と主張しています。

もはや、ため息しか出ません……。

現代韓国の剽窃文化

盗用？

さて、韓国が古い日本文化を自国のものであると主張する事例を書きましたが、実は現代においても、韓国は日本の文化を数多く剽窃《ひょうせつ》しています。それらは、商品、アニメ、デザイン、テレビ番組などあらゆるものにわたるといわれています。中には「パクリ」と口汚く罵《ののし》る人もいます。

しかしそれはあまりにも悪意ある言い方だと思います。彼らには盗用という意識がないのではないかと思います。おそらく日本の商品やアニメが大好きで、それを目標にして頑張っているうちに、そっくりなものができてしまっただけではないでしょうか。

私は韓国の「そっくり商品」を見ると、幼い子供が一所懸命に好きな漫画のキャラクターを描いている様子や、大好きなアニメのキャラを粘土で作っている様子を連想します。たいていの子供は絵も粘土づくりも下手くそです。ですから出来上がった作品は、どこかデッサンが狂っていて、思わず笑ってしまうようなものが多いのです。

商品のデザインにも同じことが言えるのではないでしょうか。おそらく韓国人はそれが好きでたまらないのです。それで似たものを作っているうちに、「パクリ商品」と言われるほどに似たものができてしまったのではないでしょうか。

しかし子供の世界なら笑って済ませることができても、ビジネスの世界でそれをやれば問題になります。ただ、韓国は法概念が乏しい国です。おそらくそれが著作権法に触れることや商標の侵害になるということをメーカーのような企業でも知らないのでしょう。善良な韓国人がこんなあくどいことをわざとやっているはずがありません。彼らのやっていることは法律違反ですが、それは無知ゆえのものだということを、私たちは理解してあげる必要があると思います。

当然のことながら、彼らは自分たちが「パクリ」をしているとは思っていません。たとえば「テコンV」というアニメは日本の「マジンガーZ」にそっくりですが、「パクリじゃないか!」という日本からの非難は一切認めず、「韓国のオリジナルだ!」と長年にわたって主張してきました。ところが二〇一三年に韓国のある彫刻家がテコン

日本のオリジナル商品	韓国のコピー商品
 かっぱえびせん	 セウカン
 きのこの山	 チョコソンイ
 カロリーメイト	 カロリーバランス
 KitKat	 Kicker
 リポビタンD	 バッカスD
 16茶	 17茶
 らんま1／2	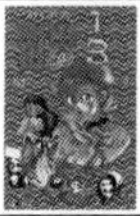 ラムバ1／3
 マジンガーZ	 テコンV

Vのオブジェを竹島（韓国名・独島《ドクト》）に設置しようとして募金活動を行なった時、多くの韓国人から一斉に、「我らの独島に、日本の『マジンガーZ』そっくりの人形を設置するなど許さない！」という反対の声が上がり、この計画は頓挫しました。これはいったいどういうことなのか——難しすぎて、私の頭では理解できません。

韓国人のパクリは日本の真似？

韓国人の盗用癖は、実は私たち日本人のせいでもあるのかなという気がしています。というのも、かつて我が国は明治維新後に西洋の多くのものを真似たからです。ヨーロッパの貴族に真似て爵位《しゃくい》を制定し、ベルサイユ宮殿を真似て迎賓館を作り、スカートやズボンを穿《は》き、西洋風の芝居をやり、西洋風の文学を書き、西洋風の油絵を描きました。機関車も船も自動車も西洋のものを真似て作りました。日本は西洋に対して「遅れている」という劣等感を持っていたので、追いつきたい一心で何から何まで真似たのです。

日韓併合を行なった一九一〇年（明治四十三年）は、まだ日本人の心の中にその気持ちが強く残っていました。朝鮮人がそんな日本人を見て、「そうか、いいと思ったものは真似すればいいのだ」と思い込んだとしても無理はありません。

そうなのです。現在の韓国人が日本人の漫画や商品やデザインを盗用するのは、かつての日本人の真似をしているだけなのです。その意味では、韓国人が現在、日本のものだけでなく、世界中のものを盗用している行為は、もとはと言えば、日本の先人のせいかもしれないのです。

ただ、世界でも問題になっているコピー商品は、技術を真似たというのとは少し違います。これらはロゴまでそっくりに作っているので、明らかな盗作であり、れっきとした犯罪です。つまり「消費者に本物と勘違いさせて購入させる」という意図を持った商品ですから、弁護のしようもありません。皮肉なことに、この精神だけは韓国人のオリジナルなようです。

恥ずかしいという気持ちがない？

最後にひとつ。意匠やアイデアの盗用問題は、実は現在の日本でもあります。多くの人の記憶に新しい二〇二〇年の東京オリンピック・パラリンピックの公式エンブレムに選ばれたデザインが、その後、ベルギーの劇場ロゴに酷似していたということが判明し、大騒ぎとなった事件がありました。さらに公式エンブレムを考案したデザイナーの事務所は、それ以前にも数多くの盗用を疑われるデザインを発表していたということがわかり、結局、エンブレムはデザイナー自身が取り下げました。

「日本人が盗用した」というニュースが世界を駆け巡った出来事で、大多数の日本人は、このデザイン酷似を非常に恥ずかしいことと考えました。だからこそ、当のデザイナーは社会的に大きな制裁を受けました。

一方、韓国では盗用を疑われたクリエイターが自国民から「恥ずかしい真似はやめろ」と非難されたケースは寡聞《かぶん》にして聞いたことがありません。現在も一向に収まらないところを見ると、恥ずかしいという概念はないようです。

しかし繰り返しますが、学ぶために真似るという精神を植え付けたのは日本人ではないかという気がしてなりません。ただ残念なのは、そうして「盗用」にまで至るのは恥ずかしいことなのだと思う精神を教えることができなかったことです。

韓国の整形ブームの原因は日本ではないか

女性の顔が皆同じ顔

韓国人は整形手術を受ける人が非常に多いと言われます。一説には女性の二人に一人が何らかの整形手術を受けているとも言われます。こんな国はなかなかありません。韓国の美人コンテストの映像がネットなどで見られますが、それらを見ると唖然とします。どの女性も工場で作ったように同じ顔をしているからです。まるで「間違い探し」の画像のようです。

加えて驚くのは、ミスコンテストやタレントを目指すのではない普通の女性も多くが整形手術を受けていることです。彼女たちが整形手術を受けたいという理由は様々でしょうが、根本的なことを言えば、「自分の顔が気に入らない」という一点に尽きるのではないでしょうか。敢えて乱暴な言い方をすれば、韓国人は「朝鮮人の顔」が嫌いなのです。

私はここにも日韓併合の暗い影があるのではないかという気がしてなりません。

韓国人は元来、圧倒的に一重瞼《ひとえまぶた》が多いのです。そして整形手術を受けるときに、ほぼ一〇〇パーセント二重瞼《ふたえまぶた》にするそうです。一方、日本人は同じモンゴロイド大人種でありながら、韓国人よりも二重瞼が多く、六〇〜七五パーセントの出現率だとする資料もあります。韓国人は日本人の目を見て羨ましいと思ったのかもしれません。

第三章で述べましたが、日韓併合時代、朝鮮人は総督府がたびたび禁止したにもかかわらず、勝手に日本名を名乗りました。つまり日本人のふりをしたのです。

ところがいくら日本人のふりをしても、顔つきがかなり違います。朝鮮人の顔は非常に特徴的です。頬骨が高い、えらが張っている、などの特徴とともに、一番印象的なのは、目が細く釣りあがっていて、一重瞼であることです。最近も、外国に出た韓国人が、釣り上がった細い目を似顔絵に描かれたとコーヒーショップに大クレームを付けたニュースがありましたが、これほどまでの怒りが日本人にはピンと来ません。彼らはもしかしたら、その民族的特徴に相当なコンプレックスを持ってしまったのかもしれません。

韓国の整形事情については、こんなこともよく聞きます。韓国では就職活動が厳しいので、写真写りが悪いと履歴書の段階で落とされてしまうと。それで多くの女子大生が在学中に整形手術をするらしいのです。いや、男性さえも就職シーズンになると整形手術を受ける人が少なくないそうです。ということは、履歴書を見て選ぶ側のほうも、朝鮮人特有の顔を好まないということになります。

整形手術はコンプレックスの現れ

日本の整形手術もかつては、西洋人のような顔にしたいという女性が多かったのです。鼻を額《ひたい》から伸びたようにし、眼窩《がんか》をくぼませるというのが一九五〇年代から七〇年代にかけての流行でした。これは明らかに西洋人コンプレックスからきています。もしかしたら戦争に負けたことによって植え付けられたものかもしれません。

現在はそういうヨーロッパ女性型への整形は少なくなったと言われています。日本女性はようやく西洋人コンプレックスから抜け出せたのでしょうか。むしろ男性のほうに西洋人コンプレックスが残っているかもしれません。髪を金髪に染めたりするのは、潜在的な西洋人コンプレックスの現れの一つだという学者もいます。

話が少し脱線しましたが、韓国人の整形と日本人のそれには大きな違いがあります。

近年、日本にも整形手術を受ける女性は増えていますが、日本女性の場合、顔の一部だけをするケースが圧倒的に多いのに対して、韓国女性の場合は顔の土台から変えてしまう大手術を受けるケースが少なくないようです。一方、韓国女性の整形手術での人気施術は、頬骨を低くすること、えらを削ること、そして二重瞼にすること、だそうです。これは敢《あ》えて言えば、自らの民族的特徴を失《な》くしてしまうという行為です。また反論を受けることを承知で言えば、日本人に似せる手術とも言えます。

とにかく韓国には典型的な美人のパターンがいくつかあるようで、少なくない女性がその通りの顔にしてしまうとのことです。そのためにミスコンテストなどに出場する女性の多くが、まるで工場で作ったかのように、同じ顔になってしまうことが起こります。

韓国人は日本人になりたかった？

私は、韓国人の異常とも思える整形手術ブーム（といっても一時的なものではなく、もはや文化として根付いているものですが）と、多くの女性がえらを削ってまで日本人的な顔になろうとするところに、韓国人の根深いコンプレックスを見る気がします。もしかしたら日韓併合の三十五年間で、彼女たちは日本人になりたいという潜在的な気持ちを持ってしまったのかもしれません。

アメリカで売春している韓国人の多くが日本名を名乗っていることはよく知られています。かつて満州に渡った朝鮮人の多くが勝手に日本名を名乗ったように、それから九十年後の現在でも、アメリカで似たようなことをしているのです。その根底には「日本女性になりたい」という願望があるような気がしてなりません。

これに気付いたとき、私は今更ながら、併合時代の統治の闇を見た思いになりました。

どうして日本人は朝鮮人に、自らの民族の誇りを持たせようとしなかったのか。どうして彼らに自らの民族的な特徴まで捨ててしまいたい、あるいは消してしまいたい、と思わせるようなことをしたのでしょうか。これは深く反省すると同時に、やはり謝罪すべきことではないかと思います。私たちは韓国の整形文化を笑ってはいけないのです。そんな権利はどこにもありません。

私はふと想像してしまいます。

女優かと見まがうような美しい母と、モデル雑誌から出てきたようなハンサムな父と、二人の間に産まれた似ても似つかない子供たちが一緒に写った家族写真を――。その写真を家族で眺める時、子供たちや両親は果たして幸せな気持ちになれるのでしょうか。

韓国人ではない私には、その気持ちを推し量ることさえできません。

第五章

日本は朝鮮人に何も教えなかった

今、韓国人は世界で嘲笑《ちょうしょう》され、馬鹿にされています。それは他の国の人々の目から見れば、信じられないほど愚かで分別がなくモラルに欠ける行動をしているからです。そのことにより韓国人は、欧米やアジア諸国で非常に嫌われてもいます。

私はそういうニュースを見る度に心が痛みます。同時に、日本人として申し訳ないという気になります。というのは、日本は朝鮮半島を三十五年も併合しておきながら、なぜ大切なことを一つも教えてこなかったのだという思いになるからです。

たしかに日本は朝鮮半島に五千近くの公立学校を建てました。彼らを無理やりに学校に通わせ、ハングルを教え込みました。また数学、物理、化学なども教育しました。学校以外の場所でも、近代的農業を教え、また多くのテクノロジーを教えてきました（もちろん、これまでも書いてきたように、頼まれてやったことではありません）。

しかし人間として最も大切な「モラル」や「良心」といったものを教えなかったのではないでしょうか。日本には「仏作って、魂入れず」という諺《ことわざ》がありますが、総督府が朝鮮で行なってきたことは、まさしくその諺通りのことではなかったかと思います。

この章では、私たちの反省の意味を込めて、述べていきたいと思います。

世界を驚かせた大事故

セウォル号沈没事件

二〇一四年に起こったセウォル号沈没事件は私たちの記憶に新しいものです。乗員乗客の死者二百九十九人、行方不明者五人、捜索作業員の死者八人という被害を出したフェリー沈没事故です。

海難事故そのものはよくあることですし、それが人災によるケースも珍しいことではありません。しかしセウォル号の沈没事故にまつわる不手際には韓国特有のものが見られます。

まず船そのものが日常的に積載オーバーをしていました。それも法定積載量の二割とか三割のオーバーではありません。二倍ないし三倍のオーバーです。この事故の時も、決められた貨物積載量九八七トンに対して、三・六倍以上の三六〇八トンが積載されていました。そして船のバランスを保つために必要な約二〇〇〇トンのバラスト水が約五八〇トンに減らされていました。これでは大波をかぶるか、座礁するか、他船と衝突したりすれば、一瞬にして転覆する危険があります。そして実際にセウォル号は座礁して、短時間に転覆して沈んでしまいました。

セウォル号の救命ボートは二十年前に船ができた時に備え付けられていたもので、固定した金具が錆《さ》びていて、外すことができませんでした。にもかかわらず毎年の安全点検では「問題なし」となっていました。また、この船はもともと日本の船でしたが、それを買った韓国の船会社が、より多くの人や貨物を載せることができるように危険な改造をし、安全性が大きく損なわれていました。

他にも、乗員の避難訓練が行なわれたことがない、いくつか故障を抱えながら修理することなく航行していた、安全点検で五カ所に不具合があったのに航行していたことなども明らかになっています。仮に座礁事故がなくても、いずれは大惨事を引き起こしたことは間違いないでしょう。

船長、船員の唖然とする行動

しかし私が一番呆《あき》れるのは、船長や船員の行動です。

事故が起こった後、船長も船員も乗客の避難や救助を後回しにして我先に逃げているのです。事故当時、操舵室《そうだしつ》を留守にしていた船長は、乗客の避難誘導もせずに真っ先に脱出をはかり、救助にやってきた海洋警察の船に最初に保護されています。また他の船員も同様で、乗客を差し置いて船から脱出し、一人を除いて全員が助かっています。驚いたことに船の最深部にいた機関室の船員たちも、最初の救助船に助けられています。

沈没するセウォル号から逃げ出す船長(中央)
(EPA＝時事)

本来、客船の船員というのは、何よりも乗客の安全を考えて行動するべき存在です。そして船長は、乗員乗客の生命に関しては全責任を負い、乗客が全員船を離れてから船を出るというのは世界の「シーマンシップ」の常識です。かつて日本帝国海軍の艦長は、艦が沈むときはその船と運命を共にしました。有名なタイタニック号も、船長は脱出することなく船と共に沈んでいます。

もちろん、人は誰でも命は惜しいものです。咄嗟《とっさ》の時に、我が身大事で思わず逃げだした心理も理解できます。しかしセウォル号の船長と船員が脱出の際に取った行動は、理解を超えたものでした。というのは、彼らは脱出の前に、乗客を装うために作業服を脱いで普段着に着替えているのです。航海士の一人は船室までジャンパーを取りに戻っています。船長は救助船に乗った時は下着姿でしたが、船長とはわからないように制服を脱ぎ捨てたからだと言われています。

驚く話はまだあります。乗客を船内に置いて逃げたとされる機関室の船員らは、船の中で負傷して動けなくなっていた調理担当の船員二人を放置して脱出しています。また機関長はじめ機関室の七人は、脱出しやすいように船室の通路に集まって、救助が来るまでの三十分間、乗客に避難指示も何もせず、そこでじっと待機していました。また救助船に助けられた時も、負傷している二人の調理人の存在を隠していました。

事故後の呆れる事件

事故の後に起こった騒動もうんざりするようなものばかりでした。

行方不明者の家族や遺族が集まる港や体育館に、無関係な人間がやってきて、被害者家族を装って食事をしたり、備品を盗んだりする事件が多発しました。そのため、寝具、服、非常食、薬、トイレットペーパーなどが大量に盗まれました。

また行方不明家族に「金を出せば救出してあげる」と持ち掛ける詐欺が頻繁に起こりました。他にも行方不明者に支給される救援物資を狙った窃盗事件が何件もありました。

救助現場の動画が見られるという詐欺メールが数多く出回りました。このほかにも遺族が集まる体育館で記念撮影するカップルや、好奇心で遺族などに近づく人が後を絶ちませんでした。

潜水士を自称する女性が「沈んでいる船の中から、生存者が出す音を聴いた」と、テレビの取材陣に答えて、捜索現場を混乱させたこともありました。ちなみに彼女はこれで有名になってタレントになろうと思っていたといいます。

他にも唖然《あぜん》とするようなことが沢山起こりました。セウォル号事件で一冊の本が書けるほどです。

ローマ法王がセウォル号沈没事故に対して深い哀悼の辞を送りましたが、同時にあまりにひどい状況に、「韓国国民がこのセウォル号の悲劇を道徳的（倫理的）、霊的（精神的）に生まれ変わるための機会としてとらえることを望む」と発言しました。

世界には、多数の死者を出した事故は過去にも沢山ありました。しかしローマ法王がこんなコメントを発することは過去に一度もありませんでした。セウォル号沈没事故は、それほど特殊な事件だったということです。

私はこの事故は非常に韓国人特有の事件であったと思います。

三豊百貨店崩落事故

似た事件では、一九九五年にソウルで起こった三豊《サンプン》百貨店崩落事故があります。

この事件は、五階建ての百貨店のビルが営業中に突然、崩落し、死者五百二人、負傷者九百三十七人、行方不明者六人の被害を出した世界的にも例のない大崩落事故ですが、この事故もほぼ一〇〇パーセント人災と言えるものです。というのは、この百貨店は完成（一九八九年）直後から、いずれ崩落することが確実であったとしか思えない建物だったからです。

そもそものビルは三豊建設産業が四階建てのオフィスビルとして計画していまし

崩落した三豊百貨店　（AFP＝時事）

たが、建築途中に五階建てのデパートにすることに決定しました。施工会社に設計変更要求をしましたが、施工会社は現時点での設計変更は危険だとして拒否しました。そこで三豊建設産業が直接施工しました。

ところがその施工が実にお粗末極まりないものでした。売り場に防火シャッターを設置するために柱の一部を撤去。また中央部にエスカレーターを設置して吹き抜け構造としましたが、本来、柱を補強すべきところを、見た目重視で逆に柱を細くしました。加えて全体的に鉄筋の数を減らし、建物が構造的に弱くなりました。また部分によっては鉄筋の代わりに石油缶を詰めているところもありました。

最上階の五階は建物に負荷のかからないローラースケート場にする予定でしたが、建築認可が降りた直後に、不正にレストラン街に変更されました。また事故の二年前の一九九三年に、屋上に八七トンの大型冷房装置にローラーをつけて牽引《けんいん》したため、屋上や柱周辺にひびが入り、強度が低下しました。さらに翌年、当局に無断で地下に売り場を増設する工事を行ない、建物の強度がさらに低下しました。

ちなみに同じ一九九四年、漢江《ハンガン》の聖水《ソンス》大橋が崩落しています。もしこの時、三豊百貨店がビルの強度点検をしっかりしていたら、翌年の大惨事は起こらなかったでしょう。

一九九五年六月二十八日、五階で働いていた従業員がひび割れに気付き、上司に報告しました。翌日、報告を受けた経営陣は、午前九時に緊急会議を開きました。すぐに建築士を呼んで調べようということになりましたが、その間も百貨店は通常通り営業されていました。午後三時、建築士が到着し、ビルを調べましたが、その結論は、「閉店後に補修すれば問題ない」というものでした。

約三時間後の午後五時五十七分、夕方の買い物客が集まったビルは突如崩壊し、千五百人近くいた客や従業員を飲み込み、完全に崩落しました。

モラルの無さが生んだ事故が多い

この章では、近年の韓国特有の事故として二つの例を挙げましたが、これ以外にも韓国の建物や橋の崩壊、列車事故やフェリー沈没事故などは、単なる偶然では説明のつかない構造的な事故が非常に多いのです。一人二人のミスではなく、いくつもの人為的な過失が重なって生まれたものです。

それは乱暴に言ってしまえば、「人命よりも金を重視する」社会構造です。もう一つは建設作業員のモラルの低さです。これらは韓国社会に根強くはびこっていると言っても過言ではありません。それゆえ、韓国ではこの手の建築事故が非常に多いのです。最近の事故をいくつか挙げてみましょう。

「建設中のロッテキャッスルカイザーマンション崩壊」（二〇一〇年四月五日）、「大雪でリゾート施設が崩壊」（二〇一四年二月十七日）、「ソウルの舎堂《サダン》総合体育館が新築中の工事現場で天井崩落」（二〇一五年二月十一日）、「京畿《キョンギ》道《ド》龍仁《ヨンイン》市で建設中の橋が崩落」（二〇一五年三月二十五日）などです。いずれも建築費節約と手抜き工事によるもので、多くの人命が失われています。

また海外での工事も悲惨な例が多い。

「サムスン物産ベトナム工事現場崩壊」（二〇一五年三月二十六日）、「マレーシア最新式競技場屋根が一年で崩壊」（二〇〇九年六月三日）、「旧パラオKBブリッジ崩落」（一九九六年九月二十六日）などです。

韓国のモラルが低いのは誰のせいか

私はこうした事例を出して、韓国を笑うつもりはありません。むしろその反対で、韓国に対して申し訳ない気持ちでいっぱいになります。

第一章で、聖水大橋が落ちた時、「日本時代にできた橋は今でもしっかりしているのに、十年しか経たない橋が落ちるとは……」と言った老人に対して、青年が「日帝に支配されていなければわが国はちゃんとした橋をつくっていますよ」と答えた話を書きました。もちろんこれは一種の笑い話です。橋を架ける技術くらいは、いくら何でも戦後何十年もすれば身に付けることができたでしょう。

しかしこの「笑い話」の孫の言葉はある意味で真実を衝《つ》いています。それは橋を架ける技術よりももっと大切な「モラル」を日本人は朝鮮人に教えてこなかったからです。

日本人は併合時代に朝鮮人に様々なものを教えました。もっともそれらは何度も言ってきたように、朝鮮人が望んだものではないので、彼らにしてみれば「有難迷惑なこと」以外の何ものでもありません。そのことは謝罪しなければならないのは当然ですが、それはひとまず置いておいて、日本人が朝鮮人にいろんなことを教えようと思った動機は、彼らが多くのことを知らなかったからです。文字を知らず、灌漑《かんがい》技術を知らず、近代的農業を知らず、護岸工事を知らず、植林の意義を知らず、ビジネスを知らず等々、だからこそ一所懸命に、それらを教えたのです。

しかし日本人は一番大事なことに気付きませんでした。それはモラルです。もしかしたら日本人はそうしたものはわざわざ教えなくとも、自然に身に付くと考えていたのかもしれません。前に私は「衣食足りて礼節を知る」と書きましたが、衣食を与えれば礼節を知ることになるだろうと、安易に考えていたような気がしてなりません。

また日本には昔から「背中を見て学ぶ」という言葉があります。人間としての生き方や姿勢は、敢《あ》えて口に出して教えなくとも、行動などで示して教えるという考え方です。日本人は朝鮮人たちに、こうした態度で接したのではないでしょうか。

しかしそれは大きな勘違いでした。異なる文化や風習を持った民族に、「背中」を見せて学ばせるなどということは無理です。結局、その結果、日本人は人として本当に大切な「モラル」というものを朝鮮人たちに教えることができませんでした。

セウォル号沈没事故や三豊百貨店崩落事故などを見て、韓国を笑う日本人がいますが、それは自分たちの父祖の失敗を笑うのと同じなのです。

国際スポーツ大会での恥ずかしさ

勝てば何をしてもいいという精神の貧しさ

たとえばスポーツの世界では、何よりフェアプレー精神が尊ばれますが、韓国人が国際大会でしばしば見せる汚い行ないは、世界の観客を啞然とさせるものがあります。最近二十年ほどの事例をいくつか見てみましょう。

一九八八年のソウル・オリンピックのボクシングのライトミドル級決勝戦で、アメリカのロイ・ジョーンズ・ジュニアは韓国の朴時憲《パクシホン》に対して、二度のダウンを奪い、有効打でも86対32と圧倒しました。ところが、判定は3―2で朴でした。勝利を確信していたジョーンズは泣き崩れ、記者会見でも涙を流して、「盗まれた金メダルを返してほしい」と訴えました。これは「盗まれた金メダル事件」として知られる事件ですが、その後の調査で韓国サイドによる審判の買収が明らかになりました（朴の準々決勝の試合も不可解な判定と言われています）。

ちなみにジョーンズはその後、プロ入りし、無敵の世界チャンピオンとなり、長らく全階級を通じて最も強いチャンピオンと言われたほどの天才ボクサーです。並のボクサーである朴時憲ではどうあっても勝ち目はありません。

二〇〇〇年のシドニー・オリンピックのテコンドーでも不正があったといわれています。アメリカの「USAトゥディ」紙は、シドニー大会の時に世界テコンドー副会長だった人物が、「韓国選手に有利になるように、レフェリーや審判員の割り当てを操作した」と告白したことを報じました。ちなみにシドニーでのテコンドー種目で韓国は金メダル三個、銀メダル一個を獲得しています。

二〇〇八年の北京オリンピックでも、韓国のレスリング協会会長が審判たちを買収したことがわかっています。

オリンピック以外にも韓国では不正はいくらでもあります。

二〇一〇年、トリノで行なわれたフィギュア・スケート世界選手権で、世界を驚かせた事件が起こりました。韓国のキム・ヨナ選手がフリーの三回転サルコーで転倒、二回転半も抜けてしまうというミスをしながら、ノーミスだった浅田真央選手よりも高い点数を叩きだしたのです（それでも結果は浅田選手が金メダル獲得。ヨナ選手は銀メダルでした）。

実況していたイギリスのユーロスポーツの解説者は「おかしい。本当に間違っている」と発言しました。中国メディアも「審判から何かの配慮があったのは明らかだ」と報道しました。

二人の映像はユーチューブで世界中に配信されましたが、海外からは韓国の不正を疑う非難コメントが殺到しました。しかし韓国人は「ヨナはミスしなければ、もっと高い点数だった」とか「日本は優勝したのだからつべこべ言うな」とか「浅田の点数こそ不正だ」という書き込みが大多数でした。

二〇一〇年のバンクーバー冬季オリンピックでは、さらに世界を驚かせた採点がありました。女子SPとフリーで五輪史上初の合計三度のトリプルアクセルを決め、素晴らしい滑りを見せた浅田に対し、無難な滑りしか見せなかったキムが五点も上回るという信じられない点数がでたのです（フィギュア競技では非常に高い得点差）。この採点に対して、世界のトップスケーターたちが一斉に非難の声を上げましたが、ここではエフゲニー・プルシェンコ（ロシア）の言葉だけを取り上げましょう。プルシェンコは「皇帝」と呼ばれるほどのスケーターで、五輪の金メダル二個、銀メダル二個、世界選手権優勝三回という天才です。彼ははっきりとこう言いました。

「フリーで真央はきれいなトリプルアクセルを跳んだ。これにはかなり評価点がつくべきだ。しかも世界で初めて、地球上で初めて、二回もトリプルアクセルをやり遂げた。しかしジャッジは、充分な点を与えなかった」

韓国はこの大会前に、国際スケート連盟に働きかけて、浅田の得意なトリプルアクセルなどのジャンプの点数が高くならないような採点方法に変更させていたという噂もあります。もしキムを勝たせたいためにそうしたとすれば、実にあさましい行為です。もっとも、これは日本を除く他の国もやっているので韓国だけが特にひどいというわけでもないのですが。


二〇一四年に仁川《インチョン》で行なわれたアジア大会は、まさしく不正のオンパレードとも呼ぶべきものでした。そのいくつかを挙げてみましょう。

バドミントンの試合で韓国人に有利になるように空調を操作。ボクシングの試合で明らかに劣勢だった韓国人が勝利するという疑惑判定（複数あり）。フェンシングの試合で、日本の太田雄貴選手の最後のポイントが判定で取り消され、韓国選手が逆転勝ち。馬術の試合でライバルの台湾や日本の馬を妨害するために音楽を使用。などなど全部で十一種目にわたり不正が指摘されています。

なおこの大会では、国際大会とは思えないほど、運営や設備面でもお粗末さを見せています。いくつかを挙げてみましょう。
○選手村宿泊施設のエレベーターが動かず、選手は階段で移動。
○選手村宿泊施設にエアコンがない。
○選手村宿泊施設の風呂場の水が排水できない。
○開会式終了後、選手と観客が混じり合い、選手は宿泊所に戻るのに二時間以上かかった。
○記者会見場にノートパソコン用のコンセントがない。
○記者会見場で無線ＬＡＮが使えない。
○選手用の食事にほとんど肉がなく、半分以上がキムチ。
○選手用の弁当からサルモネラ菌が検出。代わりの弁当を配るのに数時間遅れ。
○アーチェリー会場で出された弁当が賞味期限切れ。
○聖火台の聖火が消える。

○ビーチバレー会場に更衣室がない。

などなど、とても国際大会のホストをやれるような国ではないことを世界に示してしまいました。反則行為の工作に夢中で、運営などには頭が回らなかったのでしょうか。

真に反省すべきは日本

スポーツの国際大会での韓国による不正あるいは疑惑は、ここに挙げた以外にも枚挙にいとまがありません。もちろんスポーツにおける不正はどの国にもあります。ドーピング発覚事件を見ない大会はないほどです。しかし韓国ほど露骨に、しかも何度も不正を繰り返す国はあまりありません。韓国人は勝ちさえすれば、どんな汚い手段を用いてもかまわないと考えているようです。

不思議なのは、日本ほどスポーツの世界で不正を行なわないフェアプレー精神の国はないにもかかわらず、その日本が併合していた韓国が凄《すさ》まじい不正を行なう国であることです。

もともとの民族の性格が汚いからではないかという意見もありますが、私はそうは思いません。韓国は併合前には非常に貧しい国でした。前述したように「衣食足りて礼節を知る」という言葉がありますが、朝鮮人は長い間、衣食が足りず、礼節を重んじることを忘れてきたのではないかと思うのです。

日本は朝鮮の農作物の収穫を倍にし、近代的な産業を与え、朝鮮人に「衣食」を与えましたが、最も大切な「礼節」を教えることを、ついうっかり失念してしまったとしか考えられません。もしかしたら衣食が足りれば、礼節は自然に身に付くものだと思っていたのかもしれません。

韓国が国際大会で非常に恥ずかしいふるまいをして、世界から嘲笑や非難を浴びている様を、多くの日本人は馬鹿にしていますが、本当に恥じ入るべきは日本人自らであると思います。

たとえば自分が家庭教師として教えていた子供が、大きくなって恥ずべき行ないをしていたら、それを笑えるでしょうか。大切なことを教えてこなかったことを反省するのが、本当の教師ではないでしょうか。

しかし残念ながら、今の日本人には、韓国人を教育する機会も場もありません。韓国の人々よ、礼節をわきまえる人間になってくださいと祈ることしかできません。

BTSの原爆Tシャツ

二〇一八年に韓国の人気少年グループBTS（防弾少年団）が広島への原爆投下を喜ぶようなデザインのTシャツを着てミュージックビデオに出演しているのがわかって大騒ぎになった事件がありました。大勢の人が亡くなった原爆をデザインするデザイナーの無神経や、それを商品にするメーカーの倫理観の無さや、それを着て踊るタレントの無知さを責める前に、こうした人として当然持っているはずのものを彼らはなぜ持っていないのかを私たちは考えるべきなのです。

そう、彼らにそうしたことを教えてこなかった私たちの父祖の怠慢をこそ、恥ずべきなのです。

原爆のきのこ雲がプリントされたTシャツを着用する「BTS」（防弾少年団）のメンバー　（共同通信社）

法概念を教えなかった罪

基本的法概念とは

法律にはいくつか原則となるものがあります。その一つが「刑罰法規不遡及《ふそきゆう》の原則」です。これは実行時には適法であった行為を、事後に定めた法令によって遡《さかのぼ》って違法として処罰することはしないという原則です。あるいは、実行時よりも後に定めた法令によってより厳しい罰に処すことを禁止する原則をいいます。

もし、国が事後法を自由に作ることができたら、どんな人間でも罪に問うことができますし、極端な話、気に入らない人間を死刑にすることも可能です。ですから、事後法を作ることは絶対にやってはいけないことなのです。これは刑法のとても大事な大原則で、世界共通の法概念です。

ところが韓国は平気で事後法を制定します。たとえば二〇〇五年に、戦前の日本が朝鮮を併合していた時代に土地や利益を得た人間から、それらを没収するという法律ができました。これは「日帝強占下反民族行為真相糾明に関する特別法」「親日反民族行為者財産の国家帰属に関する特別法」というもので、後者は別名「反日法」と呼ばれるものです。

なんと六十年以上も前に取得した土地や財産を、今になって突然没収するという法律ができたのです。中には七十年前、八十年前のケースもあるでしょう。もちろん当時の人はとっくに亡くなっています。したがって、その子や孫が今持っている財産を没収されるという法律が生まれたというわけです。

私はこの法律が生まれそうだと聞いたとき、まさかこんなものが誕生するわけがないと思っていました。まともな法律家がいれば、成立するはずがない法律だからです。ところが、なんと成立してしまったのです。それも最高裁が認めたのです。また国民の七七・九パーセントが、これに賛意を示しました。

対象となったのは、併合時代に総督府の役人になっていたり、日本企業とビジネスをしていたり、日本から爵位《しゃくい》を受けていたりした人物ですが、要するに「親日派」と認定されれば、その子孫の土地や財産は没収ということです。まあ、一言で言えば無茶苦茶です。開いた口が塞《ふさ》がらないとはこのことです。

二〇一七年一月には世界が呆れる判決がありました。それは、韓国の文化財窃盗団が二〇一二年に長崎県対馬《つしま》市の観音寺《かんのんじ》から盗んだ仏像を、所有権を主張する韓国の寺に引き渡すことを命じる判決です。韓国の寺の主張には何の根拠も証拠もないにもかかわらず、日本に返却する必要はないと言ったのです。仮に百万歩譲って、元の所有者が韓国の寺であったとしても、それは五百年も昔のことです。五百年前の所有権が認められるなら、世界の博物館は凄まじい混乱をきたすことになるでしょう。いや世界中で領土問題が再燃し、紛争が勃発《ぼっぱつ》するかもしれません。

二〇一三年には、日本の併合を支持したという九十代の老人を殴り殺した三十代の男に、「懲役五年」という軽い刑が下されました。韓国の新聞はこれを「重刑」と書き、ネットでは犯人を擁護するコメントが溢《あふ》れかえりました。つまり現行の刑法でさえも、「日本人憎し」で平気で捻《ね》じ曲げてしまう国なのです。そうなのです、韓国人は法律というものをまったく理解できていないのです。

しかしこれを笑ってはいけません。

日本人は併合時代に大学も作り、朝鮮人に法律を教えました。法律家を目指す朝鮮人たちに憲法、刑法、商法、民法、刑事訴訟法、民事訴訟法などを教えました。しかし、なんということでしょう――法律の中で最も大切な近代的法概念を教えることを忘れていたのです。

韓国は事後法を制定したことで、世界から「基本的法概念を知らないのか」と呆れられていますが、この罪は本来、私たち日本人が負わねばならないものなのです。

国際条約を知らない？

一九六五年、日本と韓国の間で「日韓基本条約」（正式名称・日本国と大韓民国との間の基本関係に関する条約）が調印され、国交が正常化しました。

この条約と同時に締結された「日韓請求権・経済協力協定」で、日本政府が韓国に支払った金は、無償で三億ドル、有償で二億ドル、民間借款《しゃっかん》で三億ドル、その他を含めると一一億ドルにものぼるものでした。これは当時の韓国の国家予算の二・三倍にあたるものでした。また当時の日本は外貨が一八億ドルしかなく、まさに身を切る思いで支払った額でした。そして併合時代に日本政府が韓国内に残した五三億ドルにのぼる資産はすべて放棄しました。また韓国に残した民間人の資産も請求しないことにしたのです。しかも「日韓基本条約」以前にも日本は多額の金を支払ってきたのです。

これはどう見ても平等な条約ではありませんでした。しかし日本がそれを飲んだのは、韓国が李承晩ラインにより、拉致《らち》した多くの日本人漁民を人質にしていたからです。一九六五年に日韓基本条約や日韓漁業協定が締結されるまでの間、韓国の不法拿捕《だほ》により抑留された日本漁民は三千九百二十九人、拿捕時の攻撃による死傷者は四十四人、物的被害総額は現在の金額で約九〇億円と言われています。日本政府は彼らを救うために、「日韓基本条約」で不当なまでに高い金を支払ったのです。

ちなみに韓国は現在に至るまで、日本漁民の拉致や虐殺に対して一言の謝罪も補償もしていません。

「日韓基本条約」を結ぶ際、日本は韓国に対して、「併合時代の朝鮮人に対する補償を行なうから、資料を提出してほしい」と言いましたが、韓国は「個人への補償は韓国政府が個別に行なうので、日本はその金を含めて一括して支払え」と言いました。ところが後に明らかになりましたが、韓国政府は個人への補償は一切行なっていませんでした。

韓国政府は日本政府から莫大な金を得て、「対日請求権」をすべて放棄することに合意しました。これにより、一九四五年八月十五日以前の日韓問題は「完全に最終的に」解決しました。要するに、併合時代のことについては、日本はあらためて謝罪をする必要はなく、また賠償の必要もなくなったというわけです。

条約無視

ところが韓国はその後、条約を無視して、日本に新たな謝罪と賠償を再三要求してきました。慰安婦、戦時徴用工などに対して、補償金を出せと言ってきたのです。

しかし「日韓請求権・経済協力協定」において、日本は彼らの補償も含めて金を支払っています。しかも本来、補償する必要がないにもかかわらず、韓国政府の要求に従って支払ったのです。この時、前述したように、日本は個人に補償したいから資料を出してほしいと言っているのに、韓国は「それは韓国政府がやるから金を一括して払え」と言ったのです。それを今になって、新たに請求するということは国際条約を一方的に反故《ほご》にする行為と同じです。国際社会では有り得ないことですが、韓国人にはそれらが理解できていないようです。

また二〇一五年に安倍内閣と朴政権との間で結ばれた「日韓合意」も、韓国は日本から金だけ貰《もら》って、政府間で約束したことをまったく履行しようとはしません。また前述したように、二〇一八年には、ただの労働者が「戦時中に強制的に働かされた」として日本企業を訴え、最高裁判所がそれを認める判決を出しました。かの国には、国際条約や国同士の約束の重要性はほとんど理解できていないようです。

しかしながら、これも事後法のところで述べたように、日本の責任なのです。併合時代、朝鮮は日本でしたから、外国との交渉はすべて日本政府がやっていました。その結果、朝鮮人たちは国際社会とどう付き合っていいかということを学ぶことができませんでした。また国際法の大切さを知る機会を得ることもできませんでした。

ところで近年、韓国は「日韓併合条約は無効である」と主張しています。その根拠は「ウィーン条約法条約」の第五一、五二条によるものとしていますが、「ウィーン条約法条約」が成立したのは一九六九年です。日韓併合が行なわれたのは、その五十九年前の一九一〇年です。ここにも韓国人の事後法の概念が見えます。

ただ、「日韓基本条約」に関しては、日本にも大いに反省すべき点があったと私は考えています。それは韓国の無茶苦茶な要求を飲む形で条約を結んでしまったことです。

子供を育てるとき、子供の我儘《わがまま》をすべて受け入れていると、その子は「我慢する」「辛抱する」「譲歩する」といったことを学ぶことができずに、大きくなっても対人関係をうまく築けない人間になってしまうと言います。現在の韓国を見ていると、まさしくそんな「不完全な大人」にしか見えません。しかし、これも日本が甘やかしたせいです。

育て方が悪かったのです。

嘘がよくないことを教えなかった責任

このように日本人は朝鮮人に様々なことについて教えるのを怠ってきました。その中で最も大切なことは、「嘘をついてはいけない」ということでした。

「嘘は泥棒の始まり」という言葉があるように、日本人は昔から嘘をつくのはよくないことというのが身に染みついています。そんなことは常識以前のことで、日韓併合時代においても、わざわざ朝鮮人に教える必要がないと考えていたようです。

しかしそれは大きな勘違いだったのです。ハングルを教える前に、小学校を何千と

嘘に嘘を重ねた挙句、捏造画像を堂々と公開（韓国国防省が公開した動画より）

建てる前に、「嘘をつくのはよくないことなんだよ」ということを教えるべきだったのです。それを怠ったばかりに、韓国人は今も国際社会で平気で嘘をつきます。

今日、日本と韓国の間の大きな問題はすべて「韓国の嘘」が大きな原因となっています。

一九六五年の「日韓基本条約」で併合時代の賠償はすべて「完全かつ最終的に」解決したと認めたはずなのに、韓国はそれを反故《ほご》にして、さらなる賠償を求めているのもそうですが、いわゆる「従軍慰安婦問題」にしても同様です。

「慰安婦のことを認めて謝罪さえしてくれたら、今後は賠償を求めることはしない」という韓国の言い分を信じた日本の間抜けな政治家は、「河野談話」で認めて謝罪しました。すると韓国は前言をころっと翻《ひるがえ》し、「認めて謝罪したのだから、賠償せよ」と言ってきました。その後も同じことが何度も繰り返されました。最近では二〇一五年に、安倍総理が朴槿恵大統領の要求で、慰安婦について「最終的かつ不可逆的」となる「日韓合意」を発表、十億円を支払いました。しかし韓国は、日本大使館の前にある慰安婦像を撤去するという約束を反故にしたばかりか、慰安婦問題はまだ解決していないと言い出しました。

そして二〇一九年二月、呆れたことに、韓国の国会議長が「日本の天皇が謝罪すれば慰安婦問題はすべて解決する」と言い出しました。これはとんでもない暴言で、天皇陛下が謝罪する理由などまったくありません。そして仮に陛下が謝罪したとしても、韓国がそれで終わりにするつもりは絶対にないのです。「天皇が謝罪したのだから」と、未来永劫《えいごう》、日本に賠償を求めてくるのは間違いありません。

韓国人の嘘はもうほとんど病的と言えるほどです。二〇一八年から二〇一九年にかけて、韓国がついた大嘘は多くの日本人を心底うんざりさせました。

日本のEEZ（排他的経済水域）内で韓国の駆逐艦が日本の海上自衛隊の哨戒機《しょうかいき》にレーダー照射した事件後に、韓国政府は信じられないほど嘘に嘘を重ねました。

最初は「レーダーなど当てていない」と主張していましたが、日本が証拠を突きつけると、「救助を求める北朝鮮船を捜すためにレーダーを操作していた」と言い、さらに日本がその矛盾を衝《つ》くと、「救助活動の邪魔になるのでレーダーを照射した」と言い出しました。

また日本が無線で呼びかけたのに返答しなかったのはなぜかと問うと、最初「無線はなかった」と言い張りましたが、日本が証拠を出すと、「無線はあったが、雑音がひどくて聞き取れなかった」と言いました。韓国の言い訳と嘘を聞いていると、彼らは自分の言った嘘さえも忘れているようです。要するに、何も考えないで、その場その場で嘘をついているのです。それはもう体に染みついたもののようです。

慰安婦問題をめぐり、天皇陛下による謝罪を求める発言をした文喜相国会議長　（共同通信社）

そして挙句の果てに、「日本の哨戒機は低空飛行して威嚇行動をしたので、謝罪しろ！」と言い出す始末です。言うまでもないことですが、日本の哨戒機は低空飛行も威嚇行動もしていません。

と、ここまで書いていたら、「日本の哨戒機がまたもや威嚇行動をした」と捏造《ねつぞう》データを挙げて日本を糾弾してきました。面白いのはその際、「機械は嘘をつかない」と言ったことです。確かに機械は嘘をつきませんが、それを操る韓国人が嘘をつけば意味がありません。

「嘘つき」の体質は同じ民族である北朝鮮も同じです。彼らは「経済制裁をやめてくれるなら核開発やミサイル開発を中断する」と何度も国際社会に公約しましたが、その言葉が守られたことはありません。読者の皆さんもよくご存じの通り、全部、嘘でした。世界の国は、まさか国家がそんな嘘を堂々とつくとは思ってもいませんから、この二十年以上、何度も騙され続けてきたのです。

日本人の中にも韓国や北朝鮮の嘘に怒る人は少なくなりませんが、何度も言っているように、彼らをそんな国にしたのは私たちです。三十五年も併合しながら、人間として一番大切なことを教えてこなかった日本人の責任なのです。また独立後、何十年も嘘ばかりつかれてきたにもかかわらず、厳しく怒らなかった日本政府のせいなのです。

【付記】　旭日旗の謎

自衛隊で思い出しましたが、韓国は自衛隊旗である「旭日旗《きよくじつき》」を異常に憎悪して非難しています。

しかし実はこれは最近になってからのことなのです。きっかけは、二〇一一年にサッカーのアジアカップでの日韓戦で、韓国人選手が猿の真似をして日本を侮辱したのがきっかけです。神聖なるグラウンドでの侮辱行為は国際問題となりましたが、選手は処分を逃れようと「観客席に旭日旗が見えたので、怒りを抑えられなかった」と言い訳したのです。

韓国のマスコミや政府は選手を守るために、すべてを旭日旗のせいにしました。それまで、韓国内で旭日旗が問題にされたことはなく、自衛隊を扱ったニュース番組などでも旭日旗が普通にテレビ画面に映っていました。ところが、アジアカップ以来、旭日旗は憎むべき旗となってしまったのです。

二〇一八年には、韓国で行なわれた観艦式に出た自衛隊に対して、韓国は「旭日旗を挙げるな」と要求しました。自衛艦旗「旭日旗」の掲揚は自衛隊で義務付けられていて、国際慣例上も認められているものです。無茶苦茶な要求なのです。

韓国人の旭日旗に対する怒りはヒートアップし、最近は旭日旗に似ているデザインを見つけると、非難するようになりました。それどころか放射線状の模様を見ただけで激しく拒絶反応を起こすようになりました。在米の韓国人団体が旭日旗と何の関係もない壁画を「旭日旗を連想させるから消せ！」と要求して、問題になったこともあります。

ところが不思議なことに、旭日旗と色も形もそっくりな朝日新聞の社旗には、韓国人も韓国政府も何も言いません。これは大きな謎と言われています。

第六章
慰安婦問題

この章では、今、韓国と日本の間で大きな問題になっている「慰安婦」問題について語りましょう。

韓国は「従軍慰安婦」のことで、日本政府に謝罪をしろと執拗《しつよう》に要求していますが、これは無茶苦茶な要求です。

まず初めに申し上げておきますが、戦時中に日本軍兵士相手に売春をする「慰安婦」という存在はたしかにありました。その数ははっきりしませんが、およそ数万人と言われています。そして実はその大半が日本人女性でした。

今日、「従軍慰安婦」というのはすべて朝鮮人であったと誤解されている人が少なくありませんが、朝鮮人女性は約二割というのが実態です。当時は日本も朝鮮も貧しく、貧困の中で身を売らねばならなかった女性たちが少なくなかったのです。悲しい歴史ですが、現実です。そしてこれが戦時慰安婦のすべてです。

慰安婦の強制はなかった

韓国の主張は証拠がない

韓国の言い分は、日本軍が朝鮮人女性を強制的に慰安婦にしたというものですが、その事実はありません。日本の「人権派弁護士」や「左翼文化人」や「左翼ジャーナリスト」たちは、日本軍が強制連行した証拠を見つけようと、何十年も必死で探しましたが、ついに一つの証拠さえ見つかりませんでした。

左翼文化人の中には「軍が証拠を隠滅した」と言う人もいますが、そんなものを完璧に消し去るのは不可能です。軍というのは官僚システムで動きます。仮に民間業者に命じたとしたら、議事録、命令書、予算書、報告書、人事名簿、受領書、請求書、領収書など、夥《おびただ》しい書類が必要です。もちろん双方の帳簿も大量に残っているはずです。一円でもお金を使えば、記録に残さないといけませんし、予算以外のお金を使うことはできません。軍というのは、戦闘中以外はトラック一台動かすのにも、いちいち書類が必要なのです。当時は軍用機の搭乗員たちは、たとえ練習で飛んでも、飛行記録をすべて残す義務があったほどです。もし軍が直接行動したなら、慰安婦を狩るために動いた部隊、実働人員、収容した施設、食料などを記した書類も大量にあるはずです。それらがすべて煙のように消えてしまうことなど有り得ません。もしそんなことが可能なら、戦後に捕虜の処刑に関係したBC級戦犯が千人も絞首刑にはなりません。

また、一九四四年十月にビルマ（現・ミャンマー）のミチナで朝鮮人慰安婦たちを保護したアメリカ軍が、日本軍の残虐性の証拠を引き出そうとして彼女たちを尋問しましたが、強制性を含むそうした証言は一つも得られませんでした。余談ですが、その時のレポートの中に「彼女たちの容姿は美しくなかった」と書かれています。

結論を言ってしまうと、戦時の慰安婦は単なる売春婦でした。日本政府は韓国に対して、「強制性の証拠は一切なかった」ことを何度も何度も説明しましたが、韓国人にはそれがまったく理解できませんでした。もしかしたら韓国人は頭が悪いのでしょうか——そう思いたくなるほどの理解力の低さですが、それを軽蔑してはいけません。彼らにそう思わせたのは、実は日本人だったのですから。

すべての発端は日本人

実は戦後、四十年以上、韓国は「従軍慰安婦」のことで、日本政府に一度たりとも謝罪や賠償を要求しませんでした。両国の間に「従軍慰安婦」問題は存在しなかったからです。

一九七三年、元毎日新聞記者の千田夏光《せんだかこう》（本名、千田貞晴《さだはる》）が『従軍慰安婦　〝声なき女〟八万人の告発』（双葉社）という本を出版しました。この本の中で千田は、「日本軍が朝鮮人女性を強制連行した」「挺身隊《ていしんたい》の名のもとに集められた」などと事実無根のことを書きました。ちなみに「従軍慰安婦」という言葉は、千田の造語であり、同書において初めて使われました。これ以降、「従軍慰安婦」という言葉が独り歩きします。

この本は一部の人々の注目を集めましたが、社会的には大きな話題にもならず、韓国も騒ぎ出したりはしませんでした。日本文化に大いに注目している韓国も、この本に気付かなかったのかもしれません。

朝日新聞が火をつけた

ところが一九八二年に事態は急展開を迎えます。

その年の九月二日、朝日新聞は、吉田清治《せいじ》という人物が「戦争中に日本軍の依頼を受けて朝鮮人慰安婦狩りをした」という内容の講演をしているという記事を載せました。吉田（本名、吉田雄兎《ゆうと》）は前年から、その講演を各地で行なっていました。朝日新聞は彼に目を付けたのです。

吉田は翌一九八三年、『私の戦争犯罪』（三一書房）という本を出版し、済州島《チェジュド》において、日本軍の兵士十人とともに、泣き叫ぶ朝鮮人女性を木剣で脅し、アフリカの奴隷狩りのように二百五名をトラックに積み込み、慰安婦にした、と書きました。同年、朝日新聞は「人」欄で、吉田清治を紹介しました。

「日本の良心」を標榜《ひょうぼう》し、当時、発行部数七百万部を超えていた朝日新聞が、「日本軍が朝鮮人女性を強制連行した」という生々しい実態を紙面に紹介し反響は非常に大きいものがありました。

韓国が日本に対し、朝鮮人慰安婦への謝罪と賠償を求め始めるのは、これ以降のことです。つまり、この問題は吉田清治と朝日新聞が火をつけた問題と言えます。

なお、吉田清治の証言はその後の調査ですべてが嘘とわかり、吉田自身、歴史家の秦郁彦《はたいくひこ》氏のインタビューに、「『私の戦争犯罪』は小説です」と答えています。その際、「本に真実を書いても何の利益もない」と嘯《うそぶ》いています。

ところが、吉田の証言を何度も紙面に載せた朝日新聞は、その記事を訂正も謝罪もせず、その後も吉田証言を何度も取り上げ、合計十六回にわたって記事にしました。

朝鮮の女性 私も連行
元動員指揮者が証言
暴行加え無理やり
37年ぶり 危機感で沈黙破る

吉田清治について報じる1982年9月2日付朝日新聞

それどころか朝日新聞は、一九九一年に、「元慰安婦」が語ったとされる「女子挺身隊の名で戦場に連行されて、慰安婦にされた」という証言記事を載せました。しかしこの慰安婦は実際には、親に妓生《キーセン》（売春施設）に売られたと言っています。つまりこれは事実に反した報道だったのです。その後も朝日新聞は根拠もないのに、「朝鮮人女性を挺身隊の名で八万～十万人を強制連行した」「朝鮮人女性たちは慰安所で日本軍兵士相手に売春させられた」という記事を何度も載せました。

韓国に飛び火

こうした慰安婦キャンペーンとも言える朝日新聞の報道に、韓国は飛びついたのです。すべてがまったく事実に基づかない嘘記事を、韓国人たちはすっかり信じ込んでしまったのです。

韓国人たちの怒りは激しいものでした。それはそうです。自分たちの娘や妻や母が日本軍によって強制的に連行され、慰安婦にされたとあっては、黙ってはいられません。一九九〇年代あたりから、韓国政府による日本への謝罪と賠償の要求が始まりました。

不思議なのは、朝日新聞が一九八〇年代に記事にするまで、韓国人は四十年近くもまったく慰安婦問題を口にしなかったことです。もちろんその間、日本に対する謝罪や賠償の要求なども一切ありません。

しかし実は不思議でも何でもないのです。そんな事実はどこにもなかったのですから。

吉田証言があった後、済州島の地元新聞が証言の信憑性《しんぴょうせい》を調べるために取材した時、島民の男性がこう語っています。

「この島にそんなことは一度もなかった。もし、日本軍が俺たちの娘や妻を強制連行しようとしたら、島の男たちは、自分たちが死ぬか、日本兵が死ぬかまで、戦ったはずだ」

済州島の男たちの誇りや良し、です。

現在、韓国は「日本人が強制連行した朝鮮人女性は二十万人」と主張しています。そして「朝鮮人慰安婦たちはほとんど殺された」とも言っています。すると、二十万人もの娘や妻や母が日本兵に奪われていくのを、朝鮮人の男たちは黙って見ていたのでしょうか。朝鮮人の男たちはそれほど腰抜け揃《ぞろ》いだったのでしょうか。

もちろん朝鮮人の男たちは腰抜けではありません。黙って見ているも何も、日本軍は朝鮮人女性を誰一人連行などはしなかったのですから、何もしようがありません。

ところが韓国人たちは実際にはなかったはずの「記憶」を蘇《よみがえ》らせてしまったのです。私は、韓国人たちが朝日新聞の事実に基づかない嘘記事を利用して、日本政府から金を巻き上げようとしているとは思っていません。世の中に、そんなに狡《ずる》くて汚い民族がいるとは思えないからです。そんな民族がいれば、それは犬畜生よりも劣る民族です。誇り高い韓国人がそんなおぞましいことをするはずがありません。

では、なぜ韓国人はありもしない慰安婦の強制連行を信じてしまったのでしょうか。彼らはずばり朝日新聞に騙《だま》されたのです。韓国人は日本人以上に朝日新聞を素晴らしい新聞と思っていたのかもしれません。

その証拠に、吉田証言が完全な虚構であるとわかってから二十年近く経った二〇一二年にも、韓国の新聞「朝鮮日報」は、「吉田清治の本一冊だけでも、日帝の慰安婦強制連行が立証されるのに十分である」と書いています。要するに完全に信用しきってしまったわけです。

作られた記憶

アメリカ合衆国では、一九七〇～八〇年頃にかけて、成人した女性が、幼児の頃に父親に性的虐待を受けたということを思い出し、父親を告発するというおぞましい事件が頻繁に起こりました。そのために多くの州では、幼児の頃の性的虐待に関しては時効を設けないというところもでてきました。

会社でばりばり働いていた中年男が、あるいは老人ホームに入って静かに余生を送っていた老人が、ある日突然、実の娘から訴えられ、何人も刑務所に放り込まれるという出来事が次々に起こりました。

まさしく病めるアメリカを象徴するような事件ですが、なぜ娘たちは何十年も経ってから、父親にレイプされたことを思い出したのでしょうか。

実はこの多くの事例は、カウンセラーによる催眠療法によって、被害者たちが記憶の底に眠っていた「過去」を思い出したものです。一部の心理学者に言わせると、幼時の恐ろしい記憶は封印されたままになることが多く、それらは成人してから様々な心的外傷となって現れ、実生活を送るのに支障をきたすことがあるというのです。職場や人間関係でうまくいかない女性たちがカウンセラーを訪ねると、カウンセラーはその原因を探るために催眠療法を用います。すると、彼女たちの何人かはそこで父親にレイプされていたことを思い出すというわけです。

ところが、そうして娘をレイプしたとされた男の中には、まったく身に覚えのない者たちが少なくなかったのです。実際に、裁判で無罪と認められた男たちもいました。原告の娘の証言が完全に間違っていたと証明されたケースもありました。これはどういうことでしょう。

つまり彼女たちが思い出した記憶はカウンセラーたちの誘導によって作られた記憶、あるいは催眠療法中に自らがこしらえあげた「記憶」だったのです。後に、自分の「記憶」はすべて間違っていたと証言した女性もいました。

私は現在の韓国人たちが「集団的記憶」を形成している様を見ると、カウンセラーによって偽の記憶を作り出されてしまった娘たちを連想します。

この場合、カウンセラーにあたるのが朝日新聞と人権派ジャーナリスト・文化人・弁護士たちです。韓国人は彼らが繰り返し「慰安婦の強制連行」を唱えるのを聞くうちに、いつのまにかそれが本当のことだと心から信じこんでしまったのではないでしょうか。

そうとでも考えないと、まったく何一つ証拠がない「慰安婦の強制連行」を九九・

九九パーセントの国民が信じ切り、官民挙げて日本政府に対し執拗《しつよう》に謝罪と賠償を要求し、凄《すさ》まじいエネルギーで世界中に慰安婦像をばらまく行為をしている意味がわかりません。もし、嘘とわかってやっているとしたら、韓国人は地球上で最低の詐欺師民族です。でも、私は善良な韓国人がそんな醜い民族だとは思いたくもありません。

すべての罪は朝日新聞

韓国人をここまで狂わせた主犯は、朝日新聞です。そして共犯は、毎年のように国連まで出かけて、「日本軍の慰安婦強制連行」や「従軍慰安婦は性奴隷であった」と訴え続けてきた人権派弁護士や市民団体です。いずれも日本人です。ちなみに「性奴隷」(Sex Slave)という言葉を生み出したのは戸塚悦朗《とつかえつろう》弁護士です。この言葉は国連のメンバーに強烈なイメージを与え、これ以降、「従軍慰安婦」が国連において俄《にわ》かに脚光を浴びるようになったと言われています。

余談ながら、当時の日本陸軍大将の月給五百五十円に対して、慰安婦の稼ぎは同じくらいあったと言われています。秦郁彦氏によれば、三百円ぐらいではないかということですが、前記ミャンマーのミチナの慰安婦たちを調べたアメリカ軍の記録には、平均して月に七百五十円だったとあります。ちなみに日本陸軍の下士官の月給は十五円くらいで、二等兵は六円でした。

また彼女たちにはちゃんと休日もあり、買い物を楽しんだり、兵隊たちとピクニックに行ったとも、書かれています。兵隊と恋愛して結婚した慰安婦もいます。はたしてこれが「奴隷」と言えるのでしょうか。

これは私の妻の母（大正十五年生まれ）から聞いた話ですが、戦前、山口県にも朝鮮人女性たちが働く売春施設があったそうです。ところが戦争が始まると、戦地の方が稼げるという理由で、彼女たちの多くが戦地に行ってしまい、商売ができなくなったと売春施設の朝鮮人の主人がぼやいていたということです。当時は日本中にこんな話があったそうです。

繰り返しますが、「従軍慰安婦」あるいは「性奴隷」とは、日本人が創り出した「虚構の物語」です。そして韓国人はその虚構に騙されて踊らされた被害者なのです。そう、今の韓国人の狂ったような行為の原因を作ったのは、私たち日本人なのです。

今、世界の国々でも、徐々に本当のことがわかってきています。韓国が官民挙げてロビー活動し、世界中の都市に設置しようとしているおぞましい慰安婦像を拒否する都市も増えてきています。いったんは設置したものの、やはり撤去するという都市も出てきています。

いずれ韓国は世界の国々から笑いものになる恐れがあります。根も葉もない嘘で他国の名誉を著《いちじる》しく傷つけ、デタラメな像を世界中にばらまこうとした愚かで滑稽《こっけい》で汚い民族――韓国人がそう言われる日が来るかもしれません。

しかし、それは私たちのせいであることを忘れてはいけません。

デタラメな像　　（共同通信社）

【付記1】吉田清治について

謎の男

ところで、この問題を世界的なスキャンダルに膨らませてしまった吉田清治という人物はどういう人なのでしょうか。調べていくと、実に謎の多い男であるというのがわかります。ここで拙著『雑談力』（ＰＨＰ新書）から、吉田清治について書いたものを以下に転載します。

吉田清治は本名を吉田雄兎といいます。吉田清治はペンネームです。生まれたのは一九一四年（大正三年）ということですが、実はこれも詳しいことはよくわかっていません。本人は山口県出身と言っていますが、福岡県出身という情報もあります。

また一九三〇年代から一九七〇年代まで、彼の経歴が一切わからないのです。というのも彼が語る経歴（働いていた会社や組織）を調べていっても、そこには吉田がいたという記録がどこにもないからです。また、朝日新聞の記事で一躍有名になったにもかかわらず、吉田清治の若い頃を知っているという人物はまったく出てこなかったのです。法政大学を出たと自称していますが、大学には吉田雄兎が在籍した記録はありません。戦争中、刑務所に二年間服役していたらしいですが、何の罪かもよくわかっていません（彼自身の証言はころころ変わっています）。

さらに奇妙なことがあります。吉田雄兎は一九三七年、二十四歳の時、十九歳の朝鮮人男性を養子にしているのです。二人の間にどんな関係があったのかはわかりませんが、常識的に考えて、二十四歳の独身男性が十九歳の男性を養子にするというのは不自然な話です。その養子縁組した息子は翌年に戦死した、と吉田自身が語っていますが、歴史学者の秦郁彦氏の調査では、その人物は一九八三年に亡くなっていることがわかっています。

吉田雄兎に関することで最も不可解なことは、彼が卒業したとされる門司《もじ》市立商業学校の一九三一年（昭和六年）の卒業者名簿には、「吉田雄兎　死亡」と記されていることです。一九三一年といえば、吉田が生きていたとするなら十七歳です。卒業者名簿に生きている人間が死亡と書かれるなんてことは滅多にありません。名簿の記載が正しいとするなら一九三一年時点では吉田雄兎なる人物はこの世にいなかったことになります。

そして五十二年後、それまで歴史の中に消えていた人物、吉田雄兎が突如、姿を現すのです。「済州島で泣き叫ぶ朝鮮人女性を奴隷狩りのようにして慰安婦にした」という証言を引っさげて——。

いったい、これはどういうことなのでしょうか。

ミステリー

実は「吉田清治」なる人物は、死亡していた吉田雄兎氏に背乗りした人物ではないかと一部では囁《ささや》かれていました。「背乗り」は「はいのり」と読みます。ある人物の身分や戸籍を乗っ取り、その人物にすり替わってしまうことをいいます。かつて旧ソ連のスパイや北朝鮮の情報員がよく使った手です。

吉田雄兎氏に背乗りした人物は朝鮮人だったのかもしれないと言われています。たしかにそう考えると、いろんなことで辻褄《つじつま》が合ってきます。

当時の朝鮮は日本に併合されていましたが、朝鮮半島は貧しく、多くの人が日本に密航を企てました。そして日本名を名乗って生活したのです。しかし当時、日本国内では朝鮮人は差別されていました。特に仕事や結婚では朝鮮人ということは大きなハンデでした。それだけに戸籍上で日本人になるのはいろんな意味で都合がよかったのです。

余談ですが、プロレスで有名な力道山《りきどうざん》も戦前、相撲部屋に入門する時、日本人の養子になり、日本人戸籍を取っています（戦後、空襲で戸籍が焼失して復籍する時、力道山は役場に届ける際に、「養子ではなく実子」と偽ったので、戸籍上は両親が日本人ということになっています）。

話を吉田清治に戻しましょう。二十四歳の時に養子縁組した五歳下の朝鮮人男性は、あるいは「吉田清治」に背乗りした男の実の弟だったのかもしれません。まず「吉田本人」が背乗りして日本人になり、その後、弟を養子にして、彼も日本人にする――そう考えると、二十四歳の男が五歳下の朝鮮人男性を養子にしたという話は大いに頷《うなず》けます。

そして「吉田清治」がもともと朝鮮人であったとするならば、例の証言も理解できます。普通の感覚で考えると、「泣き叫ぶ朝鮮人女性を大量に慰安婦にした」というまったくのデタラメを、しかも日本民族に最大の恥辱《ちじょく》を与えるような証言など、日本人にはできません。ですが、「吉田清治」が元朝鮮人で日本人に背乗りした男だと考えると、不可解な部分が納得できるものになります。

二〇一六年の夏、ジャーナリストの大高未貴氏が月刊『新潮45』で、吉田清治の長男へのインタビュー記事を発表しました。長男が提供した資料によれば、吉田清治は大正二年（一九一三年）に福岡県鞍手《くらて》郡宮田町大字長井鶴《ながいづる》生まれとありますが、同窓会名簿の「死亡」の記載の謎や養子縁組の真相などが明らかになったわけではありません。

吉田は全国の反日団体などから招かれ、「朝鮮人女性を強制的に慰安婦にした。申し訳なかった」と涙ながらに語り、そのたびに謝礼をもらっていたといいます。生粋《きっすい》の日本人でありながら、日本を貶《おとし》めるためにありもしない捏造記事を書いたり、嘘ばかり述べるジャーナリストや文化人、あるいは元兵士たちはいくらでもいますから、吉田清治もそんな反日日本人の一人だったのかもしれません。あるいは「職業的詐話《さわ》師《し》」であり、ただ単に金のために嘘をついただけかもしれません。

その意味では、吉田以上に罪が深いのは朝日新聞です。吉田清治というとことんデタラメな男の嘘八百の証言を十六本もの記事で取り上げて大々的に世界に向けて報道し、彼の嘘がわかったあとも三十年近くまったく訂正記事を書かなかった朝日新聞こそ、最低の「日本の敵」です。

言い換えれば、吉田清治は朝日新聞によって、傀儡《かいらい》（あやつり人形）とされた存在だったのかもしれません。朝日新聞の記者たちの取材能力そのものは非常に高いものがあります。おそらく朝日新聞はすぐに吉田の嘘を見破ったでしょう。吉田の過去もすぐに調べたはずです。でも、朝日はそれらに目を瞑《つむ》り、吉田の嘘を利用し、世界に向けて「日本人は他国の女性を性奴隷として狩った」と大宣伝をしたのです。

（中略）

吉田が忽然《こつぜん》と姿を消してから十六年後、二〇一四年になって、やっと消息が明らかとなりました。なんと二〇〇〇年に亡くなっていたのです。

一九三一年の商業学校の卒業名簿には「死亡」と書かれ、その後、四十年間、謎の人生を送り、一九七〇年代に突如として現れ、日本という国をとことん貶めた、この「吉田清治」なる人物はついにその正体を明らかにすることなく、消えていったのです。

いったい彼は何者だったのでしょう。

【付記2】妓生について

そもそもは外国人向けの娼婦

「従軍慰安婦」問題を語るのに、「妓生《キーセン》」は避けて通れないのではないかと思います。戦時中の朝鮮人慰安婦がすべて妓生出身ではありませんが、朝鮮には特有の「妓生」文化というものがあったということは理解しておくべきことではないかと、私は考えています。

妓生は朝鮮の売春婦の別名と誤解されているところがありますが、日本の「花魁《おいらん》」が売春婦の総称ではないように、妓生も本来は売春婦一般を指すものではありませんでした。

妓生はもともと高麗《こうらい》王朝や李氏朝鮮時代の初期には、諸外国からの使者や高官を踊りや歌などで接待するための女性でした。もっとも接待のメインは性的奉仕です。また毎年、中国に貢ぎ物として輸出されました。

平壌妓生学校　（『日本地理風俗史大系16　朝鮮（上）』）

後の時代になると、両班《ヤンバン》を相手に性的奉仕をすることになりました。李朝末期まで常に二万～三万人くらいの官婢《かんぴ》（国が管理する妓生）がいました。妓生の身分は奴婢《ぬひ》です。これは賤民《せんみん》（商人、船夫、獄卒、逓夫、僧侶、白丁《ペクチョン》、巫女《みこ》）以下の身分で、自由はありませんでした。李朝の歴代の王の中には、半島全土から美しい女性を大量に強奪してきて妓生にした者もいました。

十五世紀以降、何度か妓生廃止論が起こりますが、そうすると官吏が一般の婦女子を犯すことになる等の危惧《きぐ》が出て、廃止には至りませんでした。李氏朝鮮政府は「妓生庁」を設置し、漢城（現・ソウル）と平壌に妓生学校を設立し、十五～二十歳までの女子を妓生として育成しました。つまり妓生というのは、朝鮮のれっきとした文化だったのです。

妓生は三等級に分かれていました。一番上の一牌（イルペ）は国が運営する妓生学校を卒業した者で、宮中で働いたり、両班の妾《めかけ》になったりしました。次に二牌（イペ）と呼ばれる妓生は、一牌崩れの妓生で、住宅街でこっそり売春を行ないました。最下層の三牌（サンペ）と蝎甫（カルボ）は本来は妓生ではありませんでしたが、李朝末期には区別が曖昧《あいまい》になっていたようです。他にも「花娘遊女《ファランユニョ》」、「女社堂牌《ヨサダンペ》」、「色酒家《セクチユガ》」などと呼ばれる売春婦がいましたが、これも李朝末期には一様に妓生と呼ばれていたようです。

ただしソウルでは官庁が管理する「妓生房」があり、かなり厳格なしきたりをもって運営されていました。江戸時代の吉原《よしわら》のようなものでしょうか。しかし地方では三牌や蝎甫が多く、妓生房のようなものはありませんでした。一八九四年の甲午《こうご》改革によって法的には廃止されましたが、後に民間の私娼宿の呼称として残存し、現在に至っています。

併合以降、総督府が身分制度を廃したことで、多くの妓生が自由の身になり、雇い主を必要としない売春業を行なう妓生が増えました。しかし総督府は風俗の乱れを恐れ、何度も「妓生取締令」や「娼妓取締令」を出しますが、ほとんど効果はなかったようです。

もっとも当時は日本でも売春は合法であり、総督府の取り締まりも、彼女たちを公娼に組み入れようとするためのものでした。

妓生の実態

さて、朝鮮における妓生（売春婦）の数ですが、併合時代も含めて、残念ながらその統計記録はありません。ただ、日本に比べて、女性の中での割合は相当高かったようです。

併合が終わった後も、妓生文化は韓国に根強く残っていました。余談ながら、一九七〇年代から八〇年代は、「妓生旅行」が日本の男性の間で流行していました。私の若い頃は、同年代や少し上の男性から、「韓国の妓生がいかに素晴らしいか」という話をよく聞かされました。当時の韓国は妓生でおそらく相当な外貨を稼いだものと思われます。

一九八九年のYMCA（キリスト教青年会）の調査によると、韓国における売春婦の数は十五～二十九歳の女性約六百二十万人の五分の一にあたる百二十万～百五十万人にものぼるということです（出典・韓国第二のポータルサイト「ダウム」の「ダウム百科」）。また彼女たちが売春で稼いだ年間の総売上額はGNP（国民総生産）の五パーセントにあたる四兆ウォンを超えたという報告もあります。二〇〇二年のピーク時には、二十四兆ウォンという統計もあります。

売春禁止法の成立

二〇〇四年、韓国政府は売春を禁止する法律を成立させました（性売買特別法）。これにより長らく続いた妓生文化は幕を閉じたかに思われました。

ところがこれ以降、韓国の売春婦が外国で商売をするケースが激増しました。彼女たちがまず向かったのは台湾でした。その地で売春に従事する外国人女性たちを追い出し、さらに台湾人が仕切っていた売春業界も乗っ取る事態となり、「売春市場で韓流が流行」と報じられました。

その後は出稼ぎ場所を、日本、アメリカ、フィリピン、中国、オーストラリア、カ

ガソリンを撒きながら売春取締り強化に抗議する韓国売春婦デモ（AP／アフロ）

ナダなどに移し、毎年、各国で数百人にのぼる韓国人売春婦が逮捕され、国際問題となりました。これらの実態を受けて、二〇一六年に国会教育文化体育観光委員会でセヌリ党のヨム・ドンヨル議員が、「国家イメージ向上のために旅行者を対象に、政府レベルの事前教育が必要である」と語ったほどです。

ちなみに、現在、日本には韓国からやってきた売春婦が約五万人いるといわれています。アメリカのロサンゼルスの売春婦の約九割が韓国系といわれています。

また驚くことに、本国の韓国では、売春の合法化を求めるデモが度々起きていて、二〇一五年の九月にはなんと四千人もの女性が集まり、「性売買特別法」の廃止を訴えると同時に、「性売買従事者を労働者として認めよ」というデモが行なわれました。このデモの様子はネットで見ることができますが、もの凄い数の女性たちがプラカードを持ってデモをしています。つまり朝鮮人にとって、売春は伝統的な職業であり、文化であったということです。

第七章

韓国人はなぜ日本に内政干渉するのか

韓国は現在も、日本への内政干渉を続けています。閣僚の靖國神社参拝に反対し、文科省が検定した教科書の内容に口を出し、自衛隊撤廃を謳《うた》い、特定秘密保護法を非難し、安保法制に反対する、といった具合です。これらは民間人だけでなく、れっきとした韓国政府が主張していることです。

私は長年、この理由について考えてきましたが、ある時、はたと気付いたことがあります。そしてそこにもまた併合三十五年の暗い歴史があったのです。

この章では、それを語りたいと思います。

異様な内政干渉

日本の集団的自衛権の行使に反対

二〇一四年の九月には、韓国の国会が「日本の集団的自衛権行使決定に対する糾弾決議」を全会一致で採択しました。日本の安全保障に関わる重大な法案を、他国である韓国が非難するというのは、まるで意味が分かりません。しかも「国会の全会一致」という徹底ぶりです。

二〇一四年には、日本の新聞社のネット記事を削除せよと、韓国政府が主張した例もあります。政府が他国の民間会社に、何の権限もなく命令するのですから、常軌《じょうき》を逸しています。また閣僚の靖國神社参拝に対しても文句を言います。

このように、韓国は常に日本の政策や動向に目を光らせ、何か気に入らないことがあると、相手が政府であろうと民間であろうと、ただちに反対を唱えます。

これは普通「内政干渉」と言われるものです。世界のどこに、他国の教科書の内容に対して、修正しろと命令する国があるでしょうか。戦死者の慰霊施設を閣僚が参拝する他国に対して、やめろと命令する国があるでしょうか。たとえば、もしイスラム教の信仰の篤《あつ》い国に向かって、ある国の政府が「貴国の元首や閣僚は、聖戦で亡くなった戦士の墓を参拝するのをやめよ」などと言おうものなら、間違いなく戦争に発展するでしょう。あるいはテロの標的にされるでしょう。

つまり、韓国のやっていることはそれほどの異常な行為なのです。他にこんなことをやっている国は中国しかありません。中国は外交カードとして行なっているケースが多いのですが、韓国が行なう内政干渉は少し事情が違うようです。では、彼らはなぜそんなことを延々と繰り返しているのでしょうか。

韓国人は自国を日本の一部と思っている

私は長年、韓国の異常な内政干渉の理由を考えてきましたが、ある時、はっと気付いたことがあります。それは、彼らは他国の政治や文化に口を出しているつもりはないのではないかということです。韓国人たちは、自国政府にものを言っているつもりだったのです。

そう、韓国人は、まだ「自分たちは日本人である」と思っていたのです。自分の国であるからこそ、口も出すし、反対もする。彼らにとっては、それらは内政干渉ではなく、自国に対する文句に過ぎないのです。彼らは他国に向けて言っているつもりはないということです。あくまで自分の国の政府に対して言っているつもりなのです。

私はそのことに気付いたとき、あらためて日韓併合三十五年の重さを知らされた思いがしました。同時に日本の罪の大きさに愕然《がくぜん》としました。日本政府と総督府は、併合時代の三十五年間に、韓国人に「自分たちは日本人だ」という意識を根強く刷り込んでしまったのです。

ノーベル生理学・医学賞を受賞した動物行動学者のコンラート・ローレンツ博士は、鳥の雛《ひな》を観察中に、「刷り込み」(インプリンティング)を発見しました。

生まれたばかりの雛は最初の何分間かに見た「動くもの」を「自分の親」と認識します。この認識は脳の深いところに刷り込まれ、一生消えることはありません。たとえば、雛が殻を破って出てきたときに人間を見ると、それが自分の親だと思い込むのです(ローレンツは自分が飼育していたハイイロガンの卵から雛を孵化《ふか》させ、これを発見しました）。

鳥と人間を一緒に考えることはできませんが、私は、韓国人は国家レベルの「刷り込み」を受けたような気がしてなりません。だから韓国人は今も、潜在的には自分は日本人だと思い込んでいるのではないでしょうか。

怖ろしいことに、この民族的な「刷り込み」は七十年やそこらでは抜けなかったのです。

韓国人のアンビバレンツな感情

すべては「刷り込み」であったと考えると、韓国人の異常な反日感情も理解できます。現代の韓国人がある時、自らの心の奥に、「自分は日本人である」という意識に気付いたとしたら、どうでしょう。おそらく、それを消してしまいたくてたまらないのではないでしょうか。その場合、まず行なうのが「徹底した否定」であると思います。日本的なものすべてを消し去ってしまいたい——それは自然な感情です。

第一章の「自然の破壊」のところでも述べましたが、最近、韓国ではカラマツが日本産というだけで、これを五十万本も伐り倒すというニュースがありました。これなどもその現れの一つでしょう。

しかし潜在意識というものは、意志の力で消し去ることは容易ではありません。無理にやろうとすれば、何らかのひずみが生じます。それが韓国人たちのアンビバレンツな感情となってあらわれているのです。たとえば日本的なものを消し去りたいと思いながらも、日本的なものに対する憧れが常に顔を出すというのがそれです。カラマツを伐《き》ろうという運動の一方で、「ソメイヨシノは韓国がルーツだ」と言い出すのは、そのせいです。茶道、華道、柔道、剣道、歌舞伎、折り紙などは韓国がルーツだと主張するのは、彼らの根底に「自分は日本人だ」という意識があるからに他なりません。子供が親のものを欲しがるのに似ているとも言えるでしょう。

北朝鮮の場合

一方、北朝鮮はどうでしょう。

北朝鮮の国民には日本的なものに対するアンビバレンツな感情はあまりないように思えます。というより、一般民衆の生の声はほとんど聞こえてきません。また北朝鮮政府も韓国のように露骨な内政干渉はあまりしてきません。二〇一五年に安保法案が可決された時も、韓国はヒステリックに「反対」を唱えましたが、北朝鮮は沈黙していました。

北朝鮮は日本とは国交がなく、ほぼ完全に縁を切った状態なので、もしかしたら戦後七十年経って、「刷り込み」はほとんど消えたのかもしれません。また北朝鮮は共産主義国家でありながら同時に「王朝」とも言える、世界に類のない奇妙な国家です。国民は自由も人権も与えられず、食料さえも満足に供給されることはありません。こういう過酷な状況の中で、「刷り込み」が消えたのかもしれません。

ただ、北朝鮮政府は内政干渉はしませんが、多くの日本人を拉致《らち》し、そのほとんどの人を今も返しません。そして日本に向けて大量のミサイルを配備しています。かの国の日本に対する敵意と憎悪は、韓国以上です。

私は北朝鮮による日本人拉致の理由がどうしてもわかりませんでした。北朝鮮が拉致したのが政府要人や官僚、あるいは自衛隊の幹部というのなら理解もできます。また技術者や科学者であっても納得できます。彼らから得られる情報は貴重なものだからです。

しかし北朝鮮が攫《さら》ったのは、普通のサラリーマンや、主婦や、若者、学生などです。

彼らから何か有益な情報を得られるとは思えません。まして中学生の女の子などを攫ってても何の益もありません。市民レベルや日常生活レベルの情報などは、知りたければ在日朝鮮人からいくらでも手に入ります。日本人のパスポートが欲しければ、帰化した同胞のものを使えばいいだけのことです。第一、誘拐した日本人のパスポートなどを使えば、ただちに逮捕されます。つまり現実に行なわれてきた日本人拉致は、北朝鮮の国策上で有益なものはほとんどないのです。

にもかかわらず、北朝鮮は何年にもわたって、大量の日本人を拉致してきました。この理由はいったい何なのでしょうか――。

拉致はいやがらせ

これは何の根拠もない私の想像ですが、拉致は日本政府と日本人に対する「いやがらせ」ではなかったかと思います。

いやしくも一国が単なるいやがらせのために、何年にもわたって、そんな愚かなことをするはずがない、と言う人がいるかもしれません。本気でいやがらせをしようと思えば、原発に破壊工作をするとか、あるいは東京で爆弾テロをするとか、細菌をばらまくとかしたほうがはるかに効果的ではないかと。

しかし、そうしたテロ行為を実行に移せば、いくらおとなしい日本も黙っていないでしょう。最悪のシナリオは戦争ということになるかもしれません。すると米軍が出てくることも考えられます。そうなっては北朝鮮にとって何の利益もないどころか、国が崩壊する危険さえあります。仮に戦争にまではならなくても、間違いなく厳しい経済制裁を課されるし、在日朝鮮人からの送金なども全面的に止められるでしょう。それは大変な事態です。

それでも何とか少しでも日本にいやがらせをしたい——そこで思いついたのが日本人の拉致だったのではないでしょうか。

いっぺんに何十人何百人の市民を拉致したならば大騒ぎになるでしょうが、毎年、人知れず攫っていく分には大事件として報道されることもありません。しかも拉致の事実関係の確定までに時間もかかります。仮に拉致されたのが濃厚ということがわかったとしても、事なかれ主義の日本政府なら、文句は言ってこないはずだ——北朝鮮政府はこう読んで、日本人拉致プロジェクトを発動したのではないでしょうか。これは穿《うが》ちすぎた見方でしょうか。

しかし、そうとでも考えないと、拉致の目的と理由がわからないのです。他に合理的な理由が何も見つからないのです。

そして、そのいやがらせの理由は、もしかしたら自らの「刷り込み」を消し去るための行為だったのかもしれないと、私は考えています。もし、そうであれば、そんないやがらせのために、何の罪もない日本人が拉致されたことは本当に許せないことですし、こうして書いていても、怒りで頭がおかしくなりそうです。

北朝鮮が日本に向けて大量のミサイルを配備しているのも、いつか日本に核ミサイルを撃ち込んで、「刷り込み」を完全に消そうとしているのかもしれません。そうすることで、初めて自己のアイデンティティを取り戻せるとの潜在意識があるのではないでしょうか。

そう考えると、韓国が「教科書の内容を書き換えろ」などと言ってくるのは、むしろ微笑《ほほえ》ましいことではないかとさえ思えてきます。

日本人ではない彼らが、潜在意識で「自分たちは日本人だ」と思い込んでいるのは、私たちにとってはなはだ不快で迷惑なことですが、彼らにそう思わせたのが私たちの父祖だとすれば、それくらいは我慢しなければならないとも思います。

文庫版あとがき

さて、二六三ページを費やして、併合時代の過ちを綴《つづ》ってきましたが、日本政府がやるべきことは、ただちにこれらのことを韓国に謝罪することです。そして、世界の国々に向けて、自らの「悪事」を発表しなければなりません。かつて日本が朝鮮半島で、どれほどひどいことを行なってきたかを、世界中の人に知ってもらう必要があります。もちろん韓国の人々にも知ってもらわなければなりません。そのために私はこの本を英語とハングルで訳し、無料のサイトに上げようと考えています。

それはさておき、正式に韓国に謝罪した後は、もはや日本は韓国と離れるべきではないでしょうか。

日本と韓国は違う国です。歴史、文化、伝統、人々の考え方など、どれ一つとして共通のものはありません。もちろん民族も違います。顔や体は同じ極東アジア人として似てはいますが、性格やメンタリティなどはまるで違います。一説にはＤＮＡもかなり違うようです。

日本は有史以来、朝鮮半島と関わってきて碌《ろく》な目に遭っていません。古くは「白村江《はくすきのえ》の戦い」がありますが、近代に入っての「日清戦争」「日露戦争」も朝鮮半島が原因と言えます（このあたりは、拙著『日本国紀』をお読みください）。戦後も、韓国との関係はうんざりすることばかりです。

「隣国なんだから仲良くしなければならない」と言う人がいますが、国を挙げて反日政策をとる国と親しくできるはずがありません。日本のＥＥＺ内で哨戒機《しょうかいき》にレーダーを照射する国と同盟関係を結べるでしょうか。阪神淡路大震災や東北大震災のような大災害があると、ＳＮＳがお祭り騒ぎになるような国と友好関係を築けるでしょうか。イチゴや和牛の品種を盗むような国を信用できるでしょうか。そして「千年恨む」と言っている人たちと、どうやって友人になれるのでしょうか。

今こそ韓国に謝り、そして「さらば！」と言いましょう。

最後になりましたが、本書の監修にあたっては、朝鮮近現代史研究所所長の松木國俊氏に多大なる尽力を賜《たまわ》りました。この場をお借りして、御礼を申し上げます。松木氏からは、併合時代の朝鮮半島の実情、そして総督府が行なった様々な施策についての多くの資料をいただきました。この本では紙面の関係上それらを紹介することはできませんでしたが、ご興味のある方は、松木氏の『本当は「日韓併合」が韓国を救った！』『こうして捏造された韓国「千年の恨み」』（ともに、ワック刊）をお読みください。

また編集と解説をお願いした有本香氏にも御礼を申し上げます。

解説　これは『日本国紀』外伝です

有本香

　本書は、二〇一七年（平成二十九年）六月に上梓《じょうし》された百田尚樹さんの単行本『今こそ、韓国に謝ろう』（飛鳥新社）を、大幅加筆、改題し、装いも新たに出された文庫版である。単行本刊行時には、不可思議な現象が起きた本でもあった。

　そもそも新聞広告からして、相当変わったものだった。

　半泣きのような顔の百田さんが、土下座スタイルで謝罪している。その大きな写真の脇には「転向したのか、百田さん」「涙ながらの大謝罪」などのコピーが躍っていた。この広告の意味を分かる百田ファンは大笑いしながら、書店へと走ったのだが、いくつかの書店では、発売直後であるにもかかわらず、目立つ場所に本は陳列されていなかったという。ベストセラー作家・百田尚樹の新刊としては、あり得ない現象だった。店によっては、書名を告げると書店員がビミョーな表情を浮かべ、奥から一冊出してくる、という、まるで禁酒法時代の密造酒売買のような光景が繰り広げられたとの噂まで流れた。

それほどヤバイ本というわけではなかったが、当時も「難しい関係」だった日韓の情勢に書店が配慮したのか、この本は一部書店に嫌われたらしかった。とはいっても、単行本は十六万部発行、当然ベストセラーランキング入りの売れ行きとなったのだが、この「戦果」に、書き手はいたく不満足だったとみえた。

単に部数に不満なのではない。もっと多くの人が満足してくれるはずなのに。この本のことを口にするたび、百田さんの顔には悔しさが滲《にじ》み、いつか捲土重来《けんどちょうらい》を、という思いのようなものも窺えた。一年半がたって、今まさにその機会が巡り来たのである。

＊

百田尚樹さんは、「おもろい」ことに命を賭けている作家である。

業界でも、「あの人はとにかく、おもろいファーストですからね」などと言われ、だからこそ「数字（視聴率や本の発行部数）を取れる作家」としてその名が轟《とどろ》いている。

およそ四十年前の大学在学中に、テレビの素人《しろうと》参加番組にたびたび出て、美女にふられるピエロ役を誰よりも「おもろく」演じて人気者になった。そのことを今でも『自慢』として語るような人であり、それが縁でテレビの構成作家になった人でもある。

職業選びという、男子一生の重大事さえも「おもろい」の縁で決めたような百田さんは、シリアスな外交問題など論じるには不向きな人と世間では思われてきた。

しかし、百田さんの「おもろいファースト」魂は、世間が決めた枠内に留まるようなかわいいものではなかった。近年、隣国・韓国との関係がギスギスするなか、多くの「識者」が眉根《まゆね》を寄せて、深刻かつ難しそうに、しかし本質から外れた議論ばかりしている。その状況を、百田さんは黙って見ていられなくなったのである。

慰安婦問題や、戦時労働者の問題、自衛隊哨戒機《しょうかいき》へのレーダー照射など、私たち日本人に理解不能なことを韓国が起こすたび、百田さんはこう言い放った。

「平気で嘘吐《つ》く人、約束も守らないような人、僕は嫌い。だから韓国嫌いや。これは、僕個人の感想なんやから言うてもかまへんやろ。僕は韓国嫌い！」

訳知り顔のコメンテーターたちが、「嫌韓」だの「ヘイト」だのと謗《そし》られるのを恐れて、慎重に言葉を選ぶのをよそに、子供のようにストレートな百田さんの言葉は本質を突いていた。その放言は、多くの良識的な日本人の溜飲《りゅういん》を下げさせてもいたのだ。

余談だが、世間には、百田さんを「ヘイトスピーカー」呼ばわりしたがるスットコドッコイがいる。しかし、よく考えてみてほしいのだ。あらゆるメディアの中で、最も表現規制が厳しいテレビという世界で、三十年以上もの間、台本やナレーションを書いてきた人が、「どんな表現が危ないか」知らないはずがないではないか。

いや実は、誰よりも知り抜いているのだ。その証拠に、ネットTV等での百田さんの発言を注意して聞くと、危険球ギリギリのところを投げているのがわかるし、不慣れなゲストが発した「放送禁止ワード」に最速で反応しフォローするのも百田さんだ。

そんな百田さんの韓国についての表現は、「嫌い」という放言だけで終わらなかった。「テレビ識者」や政治家が、知ってか知らでか明言を避けてきた、日本と朝鮮半島の歴史の真実――とくに韓国が「日帝三十六年」と呼び、日本が悪逆非道の限りを尽くしたと喧伝《けんでん》する日韓併合時代の史実――を余すところなく書いてやろう。そう思い立ったのだ。

韓国の専門家でもなければ、国際政治に詳しいわけでもない。でも、百田さんにはベストセラー作家の筆力のほかに、誰も考えない奇想天外な構想があった。

「深刻極まる日韓関係、日韓の歴史問題をお笑いにする」

こんなことを考えて実行する物書きは、後にも先にも百田尚樹しかいなかった。

＊

単行本発売後、雑誌のインタビューで百田さんはつぎのように語っている。

「国と国との約束を守らず『反日』を掲げる韓国に対して日本がきちんと対峙《たいじ》するには、我々がアプローチを変えなければならないと思うのです。『今こそ、韓国に謝ろう』は、これまでになかった視点から日韓併合時代を論じた本です。私はこの本を書いて、我々日本人は、とんでもない思い違いをしていたのではないかということに気付いたのです。それは一口で言うと、『余計なお節介』です。頼まれもしないことを無理矢理にやってしまったのです」（『NEWSポストセブン』二〇一七年七月四日）

同書での百田さんのメッセージはつまりこうだった。

韓国の皆さん、昔むかし、我々の爺さん、曾祖父《ひいじい》さんが、余計なお節介ばかりしてごめんな。本当に悪かった。金輪際《こんりんざい》、こんなひどいお節介を焼いたりしません。どうかこれからは、あなた方のお力と流儀でお好きなように生きていってください。


要するに、お詫び付きの離縁状である。

同時に、同胞である日本人への強いメッセージも込められている。

我々の先人はけっして悪逆非道な侵略者ではなかった。今までそういう嘘を学校で教えられ、メディアから吹き込まれて、悲しい思いをし、罪悪感に苛《さいな》まれてきた人たちは、今後は胸を張ってください。ただし、我々の父祖は、朝鮮の文化、朝鮮人の民族性を知らな過ぎた。朝鮮のために良かれと思って昔の日本人がしたことはすべて「余計なお節介」だったのです。私たちは先人のこうした失敗に大いに学ばなければいけませんね、と。

＊

単行本の刊行から一年半が過ぎた今、日韓関係はさらに悪化の一途をたどっている。単行本刊行の直前、韓国では大統領が替わっていた。

日本の悪口を世界中に言い触れ回っていた女性大統領が、「民衆の力」とやらで引きずり降ろされ、同じ民衆が熱狂的に支持した文在寅《ムンジェイン》という人物が政権の座に就いた。その彼は今や、日韓関係を壊滅の方向に導いていると言って過言でない。

日本側も相も変わらずの体《てい》たらくだ。

政治家は「遺憾」という空疎《くうそ》な言葉を繰り返し、マスメディアは、自国の哨戒機がレーダー照射されるに至っても「日韓ともに冷静になれ」と馬鹿なことを言っている。百田さんは、今こそあの本をもっと多くの人に読んでもらいたいと考えた。そのためには文庫化して買いやすくし、最近新たに起きた事件についても書き足そう。でも、それだけでいいのか。もっともっと多くの人が満足する本にできないか。

一年半の間に、百田さんは別の大著を仕上げ、世に出していた。発売からわずか二ヶ月で六十万部発行のベストセラーとなった『日本国紀』(幻冬舎)である。この本の編集も不肖《ふしょう》私が担当したが、二千年に及ぶ日本の通史を描き出したこの仕事においても、「日韓関係」は重要なテーマの一つであった。

ただし、『日本国紀』の中で、日本が朝鮮半島を併合し統治した三十五年間のことは詳しく書かれていない。そう、あの時代、朝鮮半島は「日本」だったのだ。つまり、日韓併合三十五年を詳しく、かつ極めてわかりやすく(ここ重要)書かれた本書は、先駆けて手がけられた『日本国紀』の外伝だったといえる。

近代のみならず、わが国は、はるか古代から朝鮮半島と深く関わってきたのだ。日韓が接触を持った各時代を振り返ると、一つの真理がはっきりと見えてくる。

——日本は朝鮮半島と関わったら、ろくなことにならない。

これこそが、二千年に及ぶ日韓関係史から得られる真理・教訓である。

半島の友好国を助けに行ったり（白村江の戦い）、朝鮮のためによかれと思って散財したり。その結果、日本は朝鮮に独立と近代化をもたらし、代わりに多くの国民の命と国富を失ってきた。そして感謝もされないどころか、恨まれてしまっている。「千年恨む」と言ったのは、今や罪人となった朴槿恵《パククネ》前大統領だが、三十六年に及ぶ日本の統治がなければ、彼女の父、朴正熙《パクチョンヒ》が戦後の大韓民国大統領になることはなかっただろう。もちろん彼女自身もだ。にもかかわらず、日本を恨んでいるという。

この厄介極まりない隣人、隣国との関係を今こそ見直さなければならない。

韓国よ、ごめん。そして、さらば。

この認識を、一人でも多くの日本国民と共有しなければならない。そのうえで、どうやってうまく韓国と「さらば」するか、距離を置くかに皆で知恵を絞らなければならない。

*

ここまで書いてきて、今回の文庫化にあたり、百田さんが加筆したある偉人を思い出した。『脱亜論』を著《あらわ》したとされる福澤諭吉である。脱亜論は、平たく言えば「支那・朝鮮といった隣国は日本とは異質な存在であり、近代化には程遠い存在でもあるため、関わるな」という主張である。

今の日本の左派のなかには、「福澤諭吉は差別主義者だ」などと頓珍漢《とんちんかん》なことを言う向きもあるが、この妄言《もうげん》に騙されてはならない。福澤こそが、日韓併合前に、大韓帝国の開明派人士を助け、新聞の発行を指導し、歴史上初のハングルの活字を私費で日本の業者に作らせた人でもあるのだ。

朝鮮人をさんざん助けた福澤が、挙げ句に「脱亜論」を書いた。このことから私たちはとっくに知っていなければならなかったのだ。韓国とは距離を置くべきだということを。

百田尚樹さん、私たちは今、その教えを無視してしまった諭吉翁にも大謝罪すべきではないでしょうか。

（ジャーナリスト）

主要参考文献

『朝鮮紀行』イザベラ・バード　講談社学術文庫
『朝鮮事情』C・ダレ　平凡社
『朝鮮旅行記』パーヴェル・ミハイロヴィチ・ヂェロトケヴィチ　平凡社
『朝鮮幽囚記』H・ハメル　平凡社
『朝鮮の悲劇』F・A・マッケンジー　平凡社
『悲劇の朝鮮』A・グレブスト　白帝社
『「日本の朝鮮統治」を検証する 1910―1945』G・アキタ、B・パーマー　草思社文庫
『ソウル城下に漢江は流れる』林鐘国　平凡社
『朝鮮雑記』本間九介　祥伝社
『朝鮮總督府官吏　最後の証言』西川清　桜の花出版編集部
『ほんとうは「日韓併合」が韓国を救った！』松木國俊　ワック
『こうして捏造された韓国「千年の恨み」』松木國俊　ワック
『朝日新聞が報道した「日韓併合」の真実』水間政憲　徳間書店
『ひと目でわかる「日韓併合」の時代の真実』水間政憲　ＰＨＰ研究所

主要参考文献

『韓国がタブーにする日韓併合の真実』崔基鎬　ビジネス社
『歴史再検証　日韓併合』崔基鎬　祥伝社黄金文庫
『韓国人に教えたい日本と韓国の本当の歴史』黄文雄　徳間書店
『韓国は日本人がつくった』黄文雄　徳間文庫
『醜い韓国人』朴泰赫　光文社
『醜い韓国人　歴史検証編』朴泰赫・加瀬英明　光文社
『支那人の卑史　朝鮮人の痴史』黒木頼景　成甲書房
『韓国人の歴史観』黒田勝弘　文春新書
『韓国で行われている「反日教育」の実態』崔碩栄　彩図社
『呆れた哀れな隣人・韓国』呉善花・加瀬英明　ワック
『韓国併合への道　完全版』呉善花　文春新書
『韓国は裏切る』室谷克実　新潮新書
『日韓がタブーにする半島の歴史』室谷克実　新潮新書
『言いがかり国家「韓国」を黙らせる本』宮越秀雄　彩図社
『嘘つき韓国の正体』ＳＡＰＩＯ編集部　小学館
『慰安婦と戦場の性』秦郁彦　新潮選書

『新・韓国現代史』文京洙　岩波新書
『韓国は、いつから卑しい国になったのか』豊田有恒　祥伝社新書
『本当は怖ろしい韓国の歴史』豊田隆雄　彩図社
『醜いが、目をそらすな、隣国・韓国！』古田博司　ワック
『日本人が知らない韓国売春婦の真実』中村淳彦　宝島社
『別冊宝島　韓国不都合な真実』宝島社
『別冊宝島　日本人なら知っておきたい日韓併合の真実』宝島社
『歴史通』二〇一一年十一月号　ワック

本書は二〇一七年六月、小社より刊行された
『今こそ、韓国に謝ろう』に加筆・訂正したものです。

百田　尚樹（ひゃくた・なおき）

1956（昭和31）年、大阪市生まれ。同志社大学中退。放送作家として「探偵！ナイトスクープ」等の番組構成を手掛ける。2006（平成18）年『永遠の０』（太田出版、現在は講談社文庫）で作家デビュー。他の著書に『海賊とよばれた男』（第10回本屋大賞受賞・講談社）、『カエルの楽園』（新潮社）、『「カエルの楽園」が地獄と化す日』（石平氏との対談、飛鳥新社）、『雑談力』（PHP新書）、『日本国紀』（幻冬舎）、『日本国紀の副読本』（有本香氏との対談、産経新聞出版）などがある。

今こそ、韓国に謝ろう そして、「さらば」と言おう［文庫版］

2019年3月22日　第1刷発行
2019年3月28日　第2刷発行

著　者　百田尚樹
発行者　土井尚道
発行所　株式会社　飛鳥新社
〒101-0003　東京都千代田区一ツ橋 2-4-3　光文恒産ビル
電話　03-3263-7770（営業）　03-3263-7773（編集）
http://www.asukashinsha.co.jp
装　幀　bookwall
印刷・製本　中央精版印刷株式会社

ISBN 978-4-86410-682-5

編集担当　沼尻裕兵　工藤博海

飛鳥新社の好評既刊
月刊Hanada双書シリーズ

『左巻き諸君へ！　真正保守の反論』
小川榮太郎
四六判・並製・240頁／1296円（税別）
ISBN 978-4-86410-668-9

『日本を貶《おとし》め続ける　朝日新聞との対決 全記録』
ケント・ギルバート　山岡鉄秀
新書判・並製・240頁／1204円（税別）
ISBN 978-4-86410-659-7

『日本を亡ぼす岩盤規制
既得権者の正体を暴く』
上念司
四六判・並製・240頁／1296円（税別）
ISBN 978-4-86410-647-4

『中国が支配する世界
パクス・シニカの未来年表』
湯浅博
四六判・並製・296頁／1389円（税別）
ISBN978-4-86410-621-4